MIYAZAKI

47 都道府県ご当地文化百科

宮崎県

丸善出版 編

丸善出版

刊行によせて

　「47都道府県百科」シリーズは、2009年から刊行が開始された小百科シリーズである。さまざまな事象、名産、物産、地理の観点から、47都道府県それぞれの地域性をあぶりだし、比較しながら解説することを趣旨とし、2024年現在、既に40冊近くを数える。

　本シリーズは主に中学・高校の学校図書館や、各自治体の公共図書館、大学図書館を中心に、郷土資料として愛蔵いただいているようである。本シリーズがそもそもそのように、各地域間を比較できるレファレンスとして計画された、という点からは望ましいと思われるが、長年にわたり、それぞれの都道府県ごとにまとめたものもあれば、自分の住んでいる都道府県について、自宅の本棚におきやすいのに、という要望が編集部に多く寄せられたそうである。

　そこで、シリーズ開始から15年を数える2024年、その要望に応え、これまでに刊行した書籍の中から30タイトルを選び、47都道府県ごとに再構成し、手に取りやすい体裁で上梓しよう、というのが本シリーズの趣旨だそうである。

　各都道府県ごとにまとめられた本シリーズの目次は、まずそれぞれの都道府県の概要（知っておきたい基礎知識）を解説したうえで、次のように構成される（カギカッコ内は元となった既刊のタイトル）。

Ⅰ　歴史の文化編
　「遺跡」「国宝 / 重要文化財」「城郭」「戦国大名」「名門 / 名家」
　「博物館」「名字」
Ⅱ　食の文化編
　「米 / 雑穀」「こなもの」「くだもの」「魚食」「肉食」「地鶏」「汁

物」「伝統調味料」「発酵」「和菓子 / 郷土菓子」「乾物 / 干物」

Ⅲ　営みの文化編

「伝統行事」「寺社信仰」「伝統工芸」「民話」「妖怪伝承」「高校野球」「やきもの」

Ⅳ　風景の文化編

「地名由来」「商店街」「花風景」「公園 / 庭園」「温泉」

　土地の過去から始まって、その土地と人によって生み出される食文化に進み、その食を生み出す人の営みに焦点を当て、さらに人の営みの舞台となる風景へと向かっていく、という体系を目論んだ構成になっているようである。

　この目次構成は、一つの都道府県の特色理解と、郷土への関心につながる展開になっていることがうかがえる。また、手に取りやすくなった本書は、それぞれの都道府県に旅するにあたって、ガイドブックと共に手元にあって、気になった風景や寺社、歴史に食べ物といったその背景を探るのにも役立つことだろう。

＊　　　　＊　　　　＊

　さて、そもそも47都道府県、とは何なのだろうか。47都道府県の地域性の比較を行うという本シリーズを再構成し、47都道府県ごとに紹介する以上、この「刊行によせて」でそのことを少し触れておく必要があるだろう。

　日本の古くからの地域区分といえば、「五畿七道と六十余州」と呼ばれる、京都を中心に道沿いに区分された8つの地域と、66の「国」ならびに2島に分かつ区分が長年にわたり用いられてきた。律令制の時代に始まる地域区分は、平安時代の国司制度はもちろんのこと、武家政権時代の国ごとの守護制度などにおいて（一部の広すぎる国、例えば陸奥などの例外はあるとはいえ）長らく政治的な区分でもあった。江戸時代以降、政治的区分としては「三百諸侯」とも称される大名家の領地区分が実効的なものとなるが、それでもなお、令制国一国を領すると見なされた大名を「国持」と称するなど、この区分は日本列島の人々の念頭に残り続けた。

　それが大きく変化するのは、明治維新からである。まず地方区分

は旧来のものにさらに「北海道」が加わり、平安時代以来の陸奥・
出羽の広大な範囲が複数の「国」に分割される。政治上では、まず
は京・大阪・東京の大都市である「府」、中央政府の管理下にある
「県」、各大名家に統治権を返上させたものの当面存続する「藩」に
分割された区分は、大名家所領を反映して飛び地が多く、中央集権
のもとで中央政府の政策を地方に反映させることを目指した当時と
しては、極めて使いづらいものになっていた。そこで、まずはこれ
ら藩が少し整理のうえ「県」に移行する。これがいわゆる「廃藩置県」
である。これらの統合が順次進められ、時にあまりに統合しすぎて
逆に非効率だと慌てつつ、1889年、ようやく1道3府43県という、
現在の47の区分が確定。さらに第2次世界大戦中の1943年に東京
府が「東京都」になり、これでようやく1都1道2府43県、すなわち
「47都道府県」と言える状態になったのである。これが現在からお
よそ80年前のことである。また、この間に地方もまとめ直され、
京都を中心とみるのではなく複数のブロックで扱うことが多くなっ
た。本シリーズで使っている区分で言えば、北海道・東北・関東・
北陸・甲信・東海・近畿・中国・四国・九州及び沖縄の10地方区
分だが、これは今も分け方が複数存在している。

　だいたいどのような地域区分にも言えることではあるのだが、地
域区分は人が引いたものである以上、どこかで恣意的なものにはな
る。一応1500年以上はある日本史において、この47都道府県とい
う区分が定着したのはわずか80年前のことに過ぎない。かといっ
て完全に人工的なものかと言われれば、現代の47都道府県の区分
の多くが旧六十余州の境目とも微妙に合致して今も旧国名が使われ
ることがあるという点でも、境目に自然地理的な山や川が良く用い
られているという点でも、何より我々が出身地としてうっかり「○
○県出身」と言ってしまう点を考えても（一部例外はあるともいう
が）、それもまた否である。ひとたび生み出された地域区分は、使
い続けていればそれなりの実態を持つようになるし、ましてや私た
ちの生活からそう簡単に逃れることはできないのである。

＊　　　　＊　　　　＊

　各都道府県ごとにまとめ直す、ということは、本シリーズにおい

ては「あえて」という枕詞がつくだろう。47都道府県を横断的に見てきたこれまでの既刊シリーズをいったん分解し、各都道府県ごとにまとめることで、私たちが「郷土性」と認識しているものがどのようにして構築されたのか、どのように認識しているのかを、複数のジャンルを横断することで見えてくるものがきっとあるであろう。もちろん、47都道府県すべての巻を購入して、とある県のあるジャンルと、別の県のあるジャンルを比較し、その類似性や違いを考えていくことも悪くない。あるいは、各巻ごとに精読し、県の中での違いを考えてみることも考えられるだろう。

　ともかくも、地域性を考察するということは、地域を再発見することでもある。我々が普段当たり前だと思っている地域性や郷土というものからいったん身を引きはがし、一歩引いて観察し、また戻ってくることでもある。有名な小説風に言えば、「行きて帰りし」である。

　本シリーズがそのような地域性を再発見する旅の一助となることを願いたい。

2024年5月吉日　　　　　　　　　　　　　執筆者を代表して

　　　　　　　　　　　　　　　　　　　　森岡　　浩

目　　次

知っておきたい基礎知識　I

基本データ（面積・人口・県庁所在地・主要都市・県の植物・県の動物・該当する旧制国・大名・農産品の名産・水産品の名産・製造品出荷額）／県章／ランキング1位／地勢／主要都市／主要な国宝／県の木秘話／主な有名観光地／文化／食べ物／歴史

I　歴史の文化編　II

遺跡 12 ／国宝/重要文化財 18 ／城郭 23 ／戦国大名 27 ／名門/名家 31 ／博物館 35 ／名字 39

II　食の文化編　45

米/雑穀 46 ／こなもの 53 ／くだもの 57 ／魚食 62 ／肉食 66 ／地鶏 71 ／汁物 77 ／伝統調味料 83 ／発酵 87 ／和菓子/郷土菓子 91 ／乾物/干物 97

III　営みの文化編　IOI

伝統行事 IO2 ／寺社信仰 IO6 ／伝統工芸 II2 ／民話 II7 ／妖怪伝承 123 ／高校野球 129 ／やきもの 135

Ⅳ　風景の文化編　139

地名由来 140 ／商店街 145 ／花風景 151 ／公園/庭園 156 ／温泉 161

執筆者 / 出典一覧　163
索　引　165

【注】本書は既刊シリーズを再構成して都道府県ごとにまとめたものであるため、記述内
　　　容はそれぞれの巻が刊行された年時点での情報となります

宮崎県

知っておきたい基礎知識

- 面積：7734km²
- 人口：103万人（2024年速報値）
- 県庁所在地：宮崎市
- 主要都市：延岡(のべおか)、都城(みやこのじょう)、日南(にちなん)、西都(さいと)、日向(ひゅうが)、串間(くしま)
- 県の植物：フェニックス、オビスギ、ヤマザクラ（木）、ハマユウ（花）
- 県の動物：コシジロヤマドリ（鳥）
- 該当する令制国：西海道日向国(ひゅうがのくに)（ただし江戸時代初頭まで米良荘(めらのしょう)・椎葉山(しいばやま)一帯は肥後国(ひごのくに)との境界未確定地帯）
- 該当する領主：延岡藩（有馬氏、内藤氏など）、飫肥藩(おびはん)（伊東氏）、薩摩藩(さつまはん)（島津氏(しまづうじ)、都城周辺）など
- 農産品の名産：ウシ、ブタ、ピーマン、ヒュウガナツ、ニワトリなど
- 水産品の名産：ウナギ、カツオ、マグロなど
- 製造品出荷額：1兆6368億円（2021年活動調査）

● 県　章

旧国名の「日向(ひゅうが)」を元に、「日」の字を中心にして三方向に「向」の字を配置し、太陽のように図案化したもの。

●ランキング1位

・**スギ丸太の生産量** 南部の飫肥（日南市）周辺の名産であるオビスギが県の木にもなっているとおり、2020年の統計では173万9000㎥で、30年以上にわたってその地位を維持している。なお、オビスギという品種はなく、飫肥地域で産出される杉の総称である。飫肥杉は古くから造船用の木材として知られ、早くも1686年には、杉の搬出路として使われる広渡川と主要港である油津とを安全につなぐために堀川運河が掘られているほど産品として重視されてきた。現在でも高い耐久性から、建材として用いられている。

●地　勢

　九州地方の南西部、太平洋（日向灘）に面した一帯である。主な平地は河口付近に県庁所在地の宮崎市を有する大淀川流域の宮崎平野と、その大淀川上流にある南東部内陸の都城盆地に集中しており、それ以北は山がちとなる。北部地域にも五ヶ瀬川が流れており河口付近に延岡の町があるが、平地は少ない。南部にはさらにえびの盆地があり、南九州の巨大カルデラ地形の一つとして知られている。

　この九州山地に属する北部から中部の山地は深く、米良荘や椎葉山をはじめとした平家などの落人伝説、北部の高千穂峡や、加えて南部の鹿児島県境にあたる霧島連山をはじめとした天孫降臨伝説などの多数の伝説に彩られている。これほどの深山のため、陸路で九州の他地域にぬける道は都城方面を除くとかなりの山道もしくは悪路であり（都城から鹿児島への勾配もきつい）長きにわたって県内外部との主要な交通手段が船である一因であった。南部にも鰐塚山地をはじめとした山岳が連なり、南部の中心地である日南市の飫肥と油津の市街地はこの南側にある。

　海岸線は宮崎平野に広がる直線的な砂浜海岸と、それ以外のリアス海岸が好対照となる。温暖な気候と合わせて、戦前から戦後にかけては国内屈指の南国イメージの観光地としても知られてきた。南端部には都井岬が突き出し、野生馬の生息地として知られている。

●主要都市

・**宮崎市** 大淀川河口に広がる県庁所在地だが、47都道府県の中でも珍しく、明治時代以降に県庁所在地となったことで都市となった町。もともと

は現在の中心地の対岸に港町があり（赤江・城ヶ崎）、現在の中心市街地は街道沿いの農村だったが、比較的広い平地にあること、日向全体では比較的にせよ地理的な中心に近いことから県庁所在地にこの地が選定され、以降、近隣の神武天皇をまつる伝承があった宮崎神宮を巻き込みながら都市化していった。なお、合併により江戸時代の城下町だった佐土原も市域に含まれている。

・延岡市　五ヶ瀬川河口付近にある北部の中心都市。現在の都市は江戸時代の延岡城城下町に由来するが、宮崎県成立に伴い県庁所在地から地理的に遠いことによって生まれた危機感がきっかけで工業が発達。現代でも旭化成の企業城下町として知られている。

・都城市　南部の中心都市であり、中世に開発された荘園である島津荘の中心地でもあった土地。そのためもあって江戸時代にも島津家重臣の小城下町があり、現在の都市もこれに由来する。北に連なる小林市やえびの市共々、現代でも鹿児島県との交流が深い。

・西都市　南部の宮崎市に隣接する小都市。中心部の町・妻は古代における日向国府の設置以来、戦国時代にも伊東氏の本拠地だった都於郡城などを擁して長らく日向の中心地として発展した。江戸時代以降は門前町としての歴史を歩む。市内には国内有数の古墳群である西都原古墳群が所在する。

・日南市　南北朝時代以来の城がある飫肥と、その外港にして古くから日向有数の港町である油津を中心とした南部の中心地。飫肥は江戸時代には伊東氏の城下町として栄え、その武家屋敷や町割りなどの風情が残る小京都としても知られている。

・日向市　県内全体ではやや延岡よりの沿岸部、古くから日向を代表する港町であった美々津と細島を中心とした都市。

●主要な国宝

　現在宮崎県に所在する国宝はないため、関連する国宝を取り上げる。

・日向国児湯郡西都原古墳出土金銅製馬具　西都市の西都原古墳群の一つである、百塚原古墳群から出土した6世紀朝鮮半島（新羅）のものと推定されている馬具。鏡板などの金具には精緻な竜紋の透かし彫りが施されている。当時、まだ金属の国内生産が始まったばかりだった日本列島において、このような金属器は権力の象徴としての意味があったのではと推定

宮崎県　知っておきたい基礎知識　3

されている。現在は東京都の五島美術館所蔵。

●県の木秘話

・フェニックス　アフリカ沖の大西洋に浮かぶカナリア諸島を原産地とするヤシ科の木。海外でもアメリカのカリフォルニア州をはじめとして南国イメージを想起させる木として知られているが、宮崎県においても例外ではなく、第二次世界大戦前の1936年に後の宮崎交通となる社の社長である岩切章太郎が、南国としての宮崎の観光開発を目指して、景観の修景のために日南海岸に植樹したことが始まりだと伝えられている。これらの取り組みが功を奏し、それから戦後にかけて、宮崎県は国内有数の新婚旅行先、南国リゾートとしての歴史を歩むことになる。

・ハマユウ　太平洋岸を中心とした温暖な沿岸部の砂地に好んで育ち白く細い多弁の花を咲かせる植物。宮崎では青島や日南海岸などを中心に群落がある。

●主な有名観光地

・日南海岸と青島　日南海岸をはじめとした一帯は、かつて海外旅行が一般化する前には南国の代表格として多くの新婚旅行客が訪れた。日南海岸に沿って伸びるフェニックスが植樹された道路は現在でも有名であり、また、日本最南端のニホンザルの生息地であり、奇岩「鬼の洗濯板」でも知られる青島や、海食洞が織りなす中にある鵜戸神宮なども代表的な観光地である。

・西都原古墳群　宮崎平野の南部にある台地には、300もの古墳が集中しており、国宝の馬具をはじめとした遺物も多数発掘されている。これらの古墳には1912年、当時の宮崎県知事の要請で5年間にもわたる大規模調査が実施された。日本の考古学史上初めて行われた大規模な合同調査である。

・高千穂峡　日之影川が刻んだ深い谷は、その急流故に明治時代以降においては水力発電などで延岡の発展を促すと同時に、真名井の滝をはじめとした上流部の切り立った崖や柱状節理は絶景として古くから知られてきた。同地域の高千穂神社も古くからこの地域を代表する古社として知られ、神話に登場する洞窟「天岩戸」に比される洞窟などもある。

・霧島連山　鹿児島県との県境にそびえる火山群は、古くから大規模噴火を繰り返した一方、麓の多数の滝や自然美でも知られる。また、日本で最

初に新婚旅行に行ったと伝えられる坂本龍馬・お龍の新婚旅行の立寄り先という逸話もある。

●文　化

・**木材産業**　古くから杉類の名産地として知られている木材の多い宮崎県には、それ以外にも多くの木や竹にまつわる伝統産業がある。薩摩藩などの武芸を重んじた諸藩の地域では弓矢関係や武具の生産が盛んで、飫肥地域の四半的用弓矢（四半的は同地域独特の、座って小型の弓を打つ遊び）や都城の大弓などが伝統工芸になっており、また同じく都城では剣術の薩摩示現流に影響された木刀の生産が盛んである。飫肥周辺では他にも家具などの生産が行われている。

・**都井岬の野生馬**　日向の特産品としては馬が古代から歌になるほど有名で、江戸時代にも諸藩が牧（牧場）を設けていた。このうち、高鍋藩が江戸時代に運営していた都井岬の牧場は、明治時代以降に多くの牧場に海外の馬が導入される中でもその影響が比較的薄く、また半野生で放牧されていたことも相まって、日本でほぼ唯一在来の小型な馬が残っていることで知られている。

・**神武天皇の伝説**　『古事記』が語る神話では、太陽の神アマテラスの子孫であるニニギが日向の高千穂（北部の高千穂町と、南部の霧島連山の2説ある）に降り立ち、さらにその子孫が船出して大和国（奈良県）に入り、伝説上の初代天皇である神武天皇として即位したという。宮崎神宮の所在地が神武天皇の宮殿跡だという伝承はすでに中世の時点で知られており、伊東氏など周辺領主の信仰を集めていたが、その伝承が一気に全国規模で推進されたのは、天皇親政への「復古」を全面的に打ち出した明治新政府の時である。これ以降、第二次世界大戦前にかけて華族や皇族の支援による社殿の整備拡張が行われ、特に1940年には皇紀2600年記念（戦前に用いられた、神武天皇の即位年と計算された年を元年とする暦）としての社殿大拡張や、鵜戸神宮など皇室関連の伝承が残るほかの県内観光地を含めての観光ツアーが盛んに計画された。戦後にはこちらの面での観光推進は衰えるが、高千穂峡など日本神話に絡めてのプロモーションは今も続いている。

●食べ物

・**チキン南蛮**　宮崎県はニワトリ（特に最も需要の高いブロイラー）の大産地として知られているが、このうち北部の延岡では、1960年ごろに鶏を揚げて甘酢だれで食べる料理が登場した。これにタルタルソースをそえて食べる食べ方もほどなくして市内で提供されるようになり、県域全土に広まっていった。ニワトリを使った料理には、ほかに地鶏の炭火焼なども知られている。

・**冷や汁**　味噌・出汁で仕立ててキュウリやほぐした魚などの具を入れた冷たい汁を、ご飯にかけて食する郷土料理。もともとは宮崎平野あたりの郷土料理が県内に広がっていった。なお、近隣といえる愛媛県宇和島などにも同様の料理があるが、そちらではなぜか「さつま汁」と呼ばれている。

●歴　史

●古　代

　日向の名はすでに『古事記』において、九州の4つの面（筑紫、豊国、火国、日向）の一角として登場している。実際、県中央部の西都市にある西都原古墳群は、3世紀〜7世紀末にかけての古墳が集中する一帯として知られるなど、早くから開けていたらしい。

　当時の日向とは大隅・薩摩を含む南九州一帯の呼び名であり、この両地域（現在でいう鹿児島県）は近畿地方の朝廷と長らく対立や協調を繰り返した人々、隼人の本拠地として知られている。奈良時代初頭の720年ごろに大隅から都城あたりを中心として大規模な反乱があったと伝えられており、それに由来するとされる祭りが都城で行われている。

　一方、古代の伝説上で有名なのは、日向の高千穂周辺が天皇家の祖先の降臨した地とされている天孫降臨神話と、その子孫の神武天皇が美々津（日向市）の港から船出して瀬戸内海経由で近畿地方に向かい大和（奈良県）に本拠を移したという東征神話である。距離的に離れた両地方がなぜ結び付けられたかは長らく多数の憶測を生んできた。これについては近代まで続くことになる太平洋経由の海路という日向と外界とをつなぐメインルートの存在や、もともと日向が馬の産地として知られていたことなどから、近畿地方の朝廷による南海・中国方面へのルート確保の意味合いも

あったのではともいわれている。

ともかくも、奈良時代の初頭となる700年ごろまでに大隅と薩摩が令制国として分かれて、日向国の範囲はほぼ確定した。国府は古墳群がある西都市に置かれたと推定されている。遠方の国ではあったが、この地域でも多数の荘園が形成されていく。

●中　世

平安時代の後期、太宰府の官人が日向南部の諸県郡に開発した荘園が、時の関白である藤原頼通に寄贈された。これが島津荘である。さらに開発によって大隅・薩摩の両国に拡大していく島津荘の管理にあたる地頭職は、鎌倉時代になると惟宗忠久という人物に与えられ、後に紆余曲折を経て薩摩のみの管理となる。彼こそが日向を含む南九州の歴史にその後長く登場する島津家の祖である。また、日向の守護職は鎌倉時代にはおおむね北条氏が務めた。

さらに室町時代になると、南北朝の騒乱の中で、南朝方についた島津氏への対応のため室町幕府方が九州探題を派遣するなど、その前線の一つとなった。その対応の中で、宮崎平野部には伊東氏が土着し、戦国時代の末期にいたるまで、島津氏との間で日向全域の支配をめぐってたびたびの争いが繰り広げられることになる。このころには、近畿地方の堺から阿波・土佐・日向沿岸を通って薩摩・中国方面に向かう太平洋上の海路が、室町幕府の管領である細川氏の主導による日本と中国との貿易にも使われるほどに定着しており、北部の細島や美々津、南部の油津などの港の名が記録に登場するようになっている。また、後に宮崎市となる地域の主要な町場であった城ヶ崎（赤江港）も戦国時代の後期にあたる16世紀中盤にその名が登場した。

南部の諸県郡と飫肥周辺地域を押さえる島津氏と、佐土原を中心に宮崎平野以北を押さえる伊東氏との争いは、1572年に発生した木崎原の戦い（えびの市）で島津氏優位に傾き、この1570年代に一気に進む島津氏の勢力拡大のきっかけとなった。ただし、一時滅亡かと思われた伊東氏は1586年に始まる豊臣秀吉の九州侵攻に参加し、結果として、旧領ではないものの日向南部の飫肥・油津を中心とする大名に復帰した。島津氏も南部地域の都城周辺や、宮崎平野の佐土原を中心とする地域の領有は認められ、おおよそこの領有支配の状態で江戸時代が始まる。

宮崎県　知っておきたい基礎知識　7

● 近　世

　江戸時代には飫肥の伊東氏、都城と佐土原に分家・重臣を置く薩摩の島津氏に加え、中部の高鍋と北部の延岡にそれぞれ小規模ながら大名が配され、沿岸部を中心に幕府領が点在した。また山岳地帯は山向こうの肥後国人吉を本拠とする相良氏が地元の領主を管轄する形で支配することになるが（ただし米良荘の在地領主である米良氏は相良氏の支配をうけつつ江戸参府もするという独特の立場である）、山岳地帯はあまりの深さに肥後・日向の境が定まらず、このころになってようやくその境界が確定した。

　日向の特産品は材木で、特に南部の豊かな山岳地帯を得た飫肥藩は領内の杉をブランド化し、飫肥杉の名は現在まで知られている。高鍋もこの時代には教育に力を入れる藩として知られており、この領内の木炭や木材は美々津に集められた。意外なところでは、米沢藩（山形県）中期の名君として有名な上杉鷹山は高鍋藩秋月家から養子に入ったことが知られている。日向の諸大名は参勤交代でも細島の港から大坂まで船で向かうことが多く、海路は近代にいたるまで、それまでと同様に日向と外部とをつなぐ重要なルートであり続ける。

● 近　代

　戊辰戦争では、新政府の主力となった薩摩に近い佐土原を含め、多くの藩が新政府に参加。唯一徳川氏に近いため当初は幕府方となった延岡藩も早い段階でとりなされ、この時点では県内での大きな混乱はなかった。

　廃藩置県では、1871年の整理によって高鍋以北を管轄する美々津県と、それ以南および大隅半島を管轄する都城県が設置。両県のうち日向国に属する部分が1873年に統合されていったん宮崎県が設置された。この時、新県の中央付近ということで当時上別府村と呼ばれていた土地が県庁所在地に選ばれ、ここに現代宮崎市の歴史が始まる。しかし、1876年に鹿児島県に合併された状態で翌1877年に西南戦争が勃発する。県内全域の旧藩武士が主に薩摩方に参戦し、後半において県域が主な戦場となった結果、高鍋城下の焼き討ちや軍札（西郷札）の流通による経済の混乱、参戦による死者など人的・物的・経済面各所で被害が発生した。その後の戦後復興で現鹿児島県域が優先されたことから、旧宮崎県内では県の再設置運動が高まり、最終的に1883年に現在の県域で宮崎県が再設置された（なお、この

8

間に、日向国ではあるものの薩摩藩の重要港だった志布志の管轄がゆれ動き、最終的に鹿児島県となっている）。

　これ以降の宮崎県は、おもには南国の農業県としての歴史を歩む。延岡での旧藩主内藤家も尽力した電源開発や都市の整備は、延岡を九州東部有数の工業都市として発展させることになり、また南部の日南海岸などを中心として、戦前の東征神話に基づくナショナリズム的な観光から、戦後の南国イメージを前面に押し出す観光地としての変容を促していく。現在でも、宮崎県は自然豊かな県として知られ、またその温暖で晴れも多い気候はプロ野球（60年以上前より）をはじめ、サッカー、ラグビーといった多くの国内スポーツのキャンプ地に本県が選ばれる理由となっている。また細島などには工業も集積している。

【参考文献】
坂上康俊ほか『宮崎県の歴史』山川出版社、2015

I

歴史の文化編

遺　跡

西都原古墳群（子持家形埴輪）

地域の特色　宮崎県は、九州の南東部に位置し、北は大分県、西は熊本県、南西は鹿児島県に接し、東は太平洋の日向灘に面している。北部から西部にかけて九州山地、南西部に霧島山地、南部に日南山地があり、五ヶ瀬川、小丸川、一ッ瀬川、大淀川など主な河川は九州山地より太平洋に向かって流れる。各河川の下流に沖積平野が広がり、特に中央部は宮崎平野と呼ばれる。山間地には加久藤・小林・都城などの盆地がある。

遺跡は、旧石器時代より各地に多数存在するが、特に4世紀以降の畿内型古墳群が、河川流域を中心として新田原・茶臼原・西都原・本庄・六野原、生目などにあり、当時の大和王権と日向との密接な関係を示唆している。『古事記』や『日本書紀』には、高千穂はいわゆる「天孫降臨」の地として記され、天岩戸神社（高千穂町）は天照大神の天の岩戸伝説の地であるとされるなど、神話に登場する地名が県内にも多く認められる。また『日本書紀』には景行天皇が日向を根拠地として熊襲征伐を行った逸話が記されるが、その折に、日の出る方に向き、日当りの良い土地という意味で「ひむか」と名づけたと説話に記されている。

『延喜式』によれば、平安時代には牧が置かれていたとされ、下総国・肥前国と並んで牛馬の官営牧が多かった。鎌倉幕府成立後、島津忠久が島津荘の惣地頭となり、日向・大隅・薩摩三カ国の守護を兼任していたが、1203（建仁3）年に比企氏の乱に連座して日向国の守護職を没収された。南北朝時代は大友、細川、畠山、大友、今川、島津氏と変遷する。しかし、豊臣秀吉による九州平定により、日向国は島津氏と、筑前国から入部した秋月氏、豊前国から入部した高橋氏、在地土豪伊東氏とに分割されることになった。関ヶ原の戦後は、高橋・秋月・伊東氏は旧領を安堵されたが、佐土原の島津領は、一時江戸幕府の蔵入地となり、後に佐土原島津家として再興された。1602（慶長7）年、諸県地方を中心とする島津家領は安堵

され、以後、幕末まで続く。廃藩置県により、延岡・高鍋・佐土原・飫肥・鹿児島の6県が置かれた。その後、1873年に宮崎県が発足したが、3年後に鹿児島県に合併。そして1883年、鹿児島県より分離し、県域が確定した。

主な遺跡

後牟田遺跡
*児湯郡川南町：宮崎平野北部の河成段丘の縁辺部、標高約50〜54mに位置　時代 旧石器時代

　住宅団地造成および都市計画道路建設に伴い、1993年より4次にわたる発掘調査が実施され、1999年からも断続的に調査が行われている。第Ⅰ、第Ⅱ、第Ⅱb、第Ⅲ、第Ⅲb、第Ⅳ、第Ⅴの文化層が確認され、県内最古級の旧石器時代遺跡に位置づけられる。主体をなす文化層としては、第Ⅱ文化層の石器群と、第Ⅲ文化層の石器群である。

　第Ⅱ文化層では多数の剥片・石核類が出土し、接合資料が確認されていることから、石器製作作業の痕跡として評価されている。全般的に縦長剥片が少なく、定形性は強くないとされる。ナイフ形石器や基部加工石器が主体的であり、削器・斧形石器・台形様石器なども認められる。後期旧石器時代前半期に位置づけられる。

　第Ⅲ文化層では、礫群4基と配石2基が確認されている。剥片・石核類や石器の点数は全体的に見て少なく、礫塊石器が顕著とされる。これらは石皿、磨石、敲石的な機能が想定されており、植物質食料の活発な利用の可能性が指摘されている。他方、素材剥片の剥離をはじめとする石器製作作業の痕跡は十分に認められない。石器組成としては、鋸歯縁削器、基部加工石器が主体的であり、台形様石器が見られないことから、やや古相の石器群として評価され、年代測定や自然科学分析の結果から、おおむね3万5000年前の中期／後期旧石器時代移行期に属すると考えられている。

　なお、第Ⅴ文化層より下位の最古層は、8万9000〜8万4000年前から4万年前までを下限とする年代が推定されているが、遺物は主に自然礫の可能性が高いとされる。ただし一部に石器の可能性のあるものが含まれており、現在も検討が進められている。南九州における中期〜後期旧石器時代の様相を考えるうえで、貴重な知見を与える遺跡として注目されている。

船野遺跡
*宮崎市：一ツ瀬川右岸の段丘上、標高約80mに位置
時代 旧石器時代

　1970〜72年に別府大学によって調査が行われた。もともと地元の郷土史家によって資料採集がなされたもので、3つの文化層が確認され、いわ

Ⅰ　歴史の文化編　13

ゆる「アカホヤ」と呼ばれる約7300年前の鬼界カルデラの噴火に伴う火山灰に相当する、橙色をした砂質層の下部に安定した遺物包含層が認められた。3つの文化層が検出されており、集石遺構や竪穴状遺構なども認められている。下層の第Ⅰ文化層からは、小型ナイフ形石器、スクレイパーが出土し、第Ⅱ文化層において細石刃、細石核が認められるほか、台形様石器、ナイフ形石器、尖頭器などが検出された。第Ⅲ文化層では、台形様石器が認められないほか、黒曜石ではなく流紋岩製石器が主体を占めるといった変化が認められた。細石核は「船野型」として東九州の細石器文化を構成する代表的資料として知られる。

下弓田遺跡
＊串間市：志布志湾に注ぐ福島川河口付近の砂丘、標高約5mに位置　**時代**　縄文時代後期

　宮崎県串間市南方字狐塚にある縄文時代後期の遺跡。志布志湾に注ぐ福島川の河口付近に広がる砂丘地帯にある。1959年にAとBの2地点で県教育委員会によって調査が行われた。方形の竪穴住居跡と長方形の平地式と呼ばれる住居跡が検出されている。

　層位は6層確認されており、第2層を上層、第3層を中層、第4層以下は下層として区分されている。出土した土器はいわゆる「市来式土器」と呼ばれる、貝殻による条痕文の施された土器が主体をなす。加えて下層の幅の狭い刺突文を主体とし、口縁部が小さく「く」の字状に肥厚する土器（下弓田式）と、中層の口縁部が「く」の字状に幅広に肥厚し、貝殻の腹縁による刺突文が施される土器（市来式）、さらに上層の「く」の字状口縁で肥厚せず、間隔が粗い貝殻の腹縁による刺突文の施された土器（草野式）の3種に分類され、南九州の貝殻文系土器が層位的に細分編年された。

　その他、石器には石斧、石鏃、敲石、磨石、石皿や石錘などが認められ、漁労を中心とした採集を行っていたことが推測される。

　なお、近隣の大平遺跡（串間市）から出土した土器は、これらの貝殻文系土器群と大きく様相が異なっており、奄美・沖縄系の土器との関係も指摘されるなど、南九州における縄文土器文化の交流の一端が示されている。

平畑遺跡
＊宮崎市：清武川と加江田川に挟まれた台地、標高約24mに位置　**時代**　縄文時代晩期・平安時代～中世

　宮崎大学の建設に伴い、宮崎県教育委員会により1980年より断続的に調査が実施されている宮崎学園都市遺跡群の遺跡。縄文時代後期から晩期を中心とした集落と平安時代の集落跡が検出され、縄文時代の竪穴住居跡が後の調査を含めて67軒検出されており、県内でも有数の集落遺跡であ

る。石刀や岩偶といった遺物も検出されている。

松添貝塚
＊宮崎市：日向灘に面し、南北に走る小砂丘、標高約6〜10mに位置　**時代** 縄文時代晩期

1962年に別府大学によって調査が行われ、1972年には市教育委員会による調査も実施されている。貝層は東西約12m、南北約18mを測り、楕円形を呈する。土器の主体は、貝殻文系土器と黒色研磨土器である。貝殻文系土器では、貝殻文が口縁部と胴部の2段に並列する特徴的な文様構成を示す土器が認められ、「松添式」の標識遺跡として位置づけられている。

黒色研磨土器には、網の圧痕の認められるものがあり、漁網を示す資料として注目された。石錘が100点以上検出されているほか、貝輪や骨製釣針など漁労に伴う遺物も認められている。また、カキ、アワビ、サザエなどの貝類やタイ、ブリ、マグロなどの魚骨のほかクジラの肋骨も出土している。興味深い遺物として、鹿角製ヘアピンが出土し、沖縄の髪飾りとの関わりも指摘されている。

檍遺跡
＊宮崎市：大淀川左岸の砂丘列、標高約10mに位置　**時代** 弥生時代前期

1951年、52年に市立檍中学校の校庭より小児用甕棺が発見され、その後日本考古学協会によって1956年以降、継続的な調査が実施された。砂丘上に形成された墓域であり、合せ口甕棺墓と配石土坑墓からなる。配石墓は9基認められ、砂岩の扁平な礫を隅丸方形や不整形な長方形、楕円形の石畳状に配するもので、直下に土坑を構築し、遺体を屈葬で埋葬したものと想定されている。こうした配石墓は、中ノ浜遺跡（山口県）、梶栗浜遺跡（山口県）、鳥ノ浜遺跡（鹿児島県）などの事例が確認されている。なお隣接地には、倒卵形の後円部をもつ墳丘長52.5mの前方後円墳（檍1号墳）が立地する。

熊野原遺跡
＊宮崎市：清武川と加江田川に挟まれた台地上、標高約20mに位置　**時代** 弥生時代終末期

宮崎大学の建設に伴い、宮崎県教育委員会により1980年より断続的に調査が実施されている宮崎学園都市遺跡群の遺跡であり、1981年より調査が行われたA・B・Cの3地区の調査のうち、特にB地区では弥生時代後期後葉の竪穴住居跡が18基検出された。注目を集めたのはその形態であり、円形および方形を基調として内側に複数の突出壁を有するいわゆる「日向型間仕切り住居」が認められたことである。その形状から「花弁形住居」とも呼ばれ、鹿児島県の一部を除いて他地域での事例は認められて

Ⅰ　歴史の文化編　　**15**

いない。間仕切りがつくられる意義については不明であるが、南九州の独自の文化を示す要素として、今後の検討が期待される。

西都原古墳群

＊西都市：宮崎平野中央部、一ッ瀬川右岸の台地、標高約20〜70mに位置　**時代** 古墳時代前期〜後期　**史**

江戸時代より古墳の存在が地誌にも知られ、1912〜17年にかけて、県知事の主導による調査が行われ、浜田耕作、黒板勝美、柴田常恵ら東京大学、京都大学などのそうそうたる権威をそろえて実施された。台地全体に古墳が広がり、10の支群より構成されている。総数は300基を超え、前方後円墳32基、方墳1基、円墳277基などで構成されている。特に主たる男狭穂塚（墳丘長176m）、女狭穂塚（墳丘長176.3m）の両古墳は陵墓参考地に指定されている。女狭穂塚古墳は九州で最大級の規模をもつ（男狭穂塚は前方部が崩壊している）。ちなみに、1980年5月に女狭穂塚古墳が盗掘されたことから、円筒埴輪などの資料が公開され、注目された。

大正期の発掘時の出土遺物としては、柄鏡式古墳（13号）から三角縁神獣鏡が検出されたほか、陪塚からは舟形埴輪や大型の子持家形埴輪などが出土している。この子持家形埴輪については、母屋を中心に4棟（前後に入母屋造、左右に切妻造）の付属屋がある特殊な構造をもち、母屋は竪穴住居を表すとされることから、全体の平面形が「日向式間仕切り型住居」と類似しているという指摘もある。戦後、1956年には、111号墳の墳丘直下から、長方形プランの妻入構造の玄室をもつ地下式横穴墓（4号）が発見され、珠文鏡、管玉、勾玉、ガラス玉などのほか、直刀5本、鉄鏃50本、短甲3領（横矧板革綴短甲1・横矧板鋲留短甲2）が出土した。

また、鬼の窟古墳は土塁と空堀をめぐらせた2段築成の円墳（径26m）で、全国的にも稀有な形状を呈する。横穴式石室を有し、後期古墳に相当する。県内では横穴式石室は千畑古墳（西都市）が著名である。1952年、西都原古墳群は国指定特別史跡となり、さらに1966年には、古墳群の位置する一帯は、国内でも先駆けて史跡公園として風土記の丘に整備された。

なお、県内には西都原を含めて9つの古墳群が認められており、その数も900基を超える。そのうち最も古い前方後円墳は、同じ一ッ瀬川流域の新田原古墳群の下屋敷1号墳（墳丘長27m）で4世紀前半とされる。また、画文帯神獣鏡など、大和を含めて各地の古墳との関わりを示す同笵鏡の存在も多数確認されており、注目される。

大萩地下式横穴墓群

＊小林市：大淀川支流、岩瀬川左岸の丘陵、標高約200mに位置　**時代** 古墳時代中期

農地保全整備事業に伴い、地下式横穴墓の発見が相次いだことから、1973年より県教育委員会により発掘が行われ、その後断続的に調査が行われている。古墳時代の横穴墓だけでなく、弥生時代終末期の土坑墓も検出された。地下式横穴墓は、いわゆるシラス層を掘って構築され、玄室の形状は長方形で天井を切妻造妻入とするものや平入のもの、また方形寄棟造片袖式といった形態も認められる。遺物は刀子や鉄鏃、貝輪などで、島内地下式横穴墓群（えびの市）は多数の副葬品で知られる。

宮崎平野では、基本的に地下式横穴墓の形態が、長方形切妻造妻入とする構造に定型化されているのに対して、方形寄棟造は西県諸地域によく見られる形態とされ、この2つの形態の横穴墓が同時期に併存していた可能性が指摘されている。さらに切妻造片袖式の横穴墓には、鉄鏃、剣、刀子の副葬品の組合せが伴うなどの傾向も指摘されており、地域や集団の特徴が、こうした埋葬形態の様相にも影響を与えているものと考えられる。

寺崎遺跡 ＊西都市：一ッ瀬川右岸の中位段丘面、標高約20mに位置
時代 奈良時代

日向国衙跡については、その位置が特定されていなかったが、1989年以降の県教育委員会による確認調査により、この寺崎遺跡が官衙の中心的箇所であることが特定された。具体的には、東西方向に並ぶ柱穴列や、幅2.5mの東西溝が検出され、国街の北限に関連する溝と推定された。また1998年の調査では、10世紀末から11世紀初頭の梁間4間の二面庇付東西棟建物跡で、正殿と推定される遺構や掘立柱建物なども認められ、中枢建物の存在も明らかとなっている。おおむね3期に時期区分されている。8世紀後半とされる「主帳」と記された墨書土器や「厨」と記された墨書土器が出土している。今後さらなる発掘調査を通じて、日向国衙の様相が明らかになるものと思われる。

日向国分寺跡 ＊西都市：一ッ瀬川右岸の中位段丘面、標高約20mに位置
時代 奈良時代 **史**

1961年に県教育委員会による調査が行われ、布目の丸瓦、平瓦などが検出された。1995年以降、市教育委員会による調査が行われ、中門や回廊跡、金堂と推定される地業跡が検出され、伽藍配置の詳細が明らかになりつつある。日向国分寺の創建年代については明らかになっていないが、『続日本紀』の756（天平勝宝8）年には日向国分寺の存在が確認されることから、741（天平13）年に聖武天皇により、国分寺・国分尼寺建立の詔が発せられて以降、756年までには建築されたものと考えられる。

Ⅰ　歴史の文化編　　17

国宝 / 重要文化財

衝角付冑と短甲

地域の特性

　九州地方の南東部に位置し、東側は太平洋にのぞむ。北から北西側にかけて九州山地が連なり、南西側に霧島火山群、南側に鰐塚山地があり、概して山地が多い。平地には、日向灘に東流する小丸川、一ッ瀬川、大淀川によって形成された宮崎平野と、霧島火山群を取り囲むように加久藤盆地、小林盆地、都城盆地がある。県北部ではほぼ全域を山地が占め、人口は少ない。延岡では化学工業が進んでいる。県央部には宮崎平野が広がり、政治・経済・文化の中心で、近郊農業や果樹栽培、畜産が盛んである。県南部では農業を主体に果樹栽培、林業、畜産が営まれ、美しい自然景観を資源に、観光も重要な産業となっている。

　天孫降臨の地ともいわれ、神話や伝説が多い。西都原古墳群は300基以上の古墳からなり、勢力のある豪族が存在したと考えられている。古代律令制の衰退とともに、島津荘、宇佐八幡宮領、国富荘などの大規模な荘園が発達した。室町時代には伊東氏、土持氏、島津氏による勢力争いが続いた。戦国時代には北から侵入する大友氏を島津氏が破ったが、島津氏は豊臣秀吉に敗北した。江戸時代には四つの小藩と、薩摩藩領、人吉藩領、天領などがあった。明治維新の廃藩置県後、1873年に宮崎県ができた。1876年に鹿児島県に編入されて消滅し、1883年に再び宮崎県が設置された。

国宝 / 重要文化財の特色

　美術工芸品の国宝はなく、重要文化財は9件である。建造物の国宝もなく、重要文化財は9件である。宮崎県の国宝 / 重要文化財の件数は全部で18件しかなく、全国で最も少ない。重要文化財に指定された寺院建築はなく、仏像もわずかしかない。明治維新前後の廃仏毀釈で、大量の仏像・仏具、堂宇が破却されたことが、現存する古美術品や古建築の少ない原因の一つだろう。薩摩藩の影響を受けて佐土原藩、高鍋藩、延岡藩、飫肥藩

18　凡例　●：国宝、◎：重要文化財

で排仏廃寺が断行された。その流れは明治維新後の1871～73年にピークに達し、県内650か所以上の寺院が廃仏毀釈の打撃を受けたという。その一方で、地方の小さな神社から宮崎神宮、霧島六社権現の一つから霧島神宮、鵜戸山仁王護国寺から鵜戸神宮へと神社の創建・改称が続いて、高千穂の神下る天孫降臨の地というイメージが強化されたのである。

◎島内地下式横穴墓群出土品

えびの市の歴史民俗資料館で収蔵・展示。古墳時代の考古資料。宮崎県南西部の加久藤盆地中央を流れる川内川流域に、地下式横穴墓群が多数分布している。島内地下式横穴墓群は盆地内西側に位置し、東西650m、南北350mの範囲に分布し、2012年4月までに横穴墓131基が調査された。調査されたのは推定数の約1割強とされる。地下式横穴墓とは、地表から下へ竪坑を掘り、竪坑の底から横へ埋葬施設である玄室を設けて、竪坑の上部もしくは玄室前の羨門を板石や土塊で塞いだ墓で、南部九州に分布する地域的墓制である。横穴墓群から多数の副葬品が出土し、300体を超える人骨も確認された。出土品は短甲、冑、鉄刀、銀象嵌龍文大刀、鉄剣、蛇行剣、鉄鉾、鉄鎌、鉄鏃、刀子、鉄斧、鉇、鑿、骨鏃、轡、辻金具、雲珠、杏葉、耳環、銅鈴、ガラス小玉、水晶製切小玉、貝釧、砥石などで、武器・武具が多数を占める。古墳の副葬品としてよく見られる農具や土器、鏡が含まれていない点が特徴とされる。重要文化財となったのは1,029点で、その大半が金属製の武器・武具である。遺物や横穴墓の類型から、横穴墓群は5世紀前半から6世紀に造営されたと考えられている。前方後円墳が築造されなかった川内川流域で、大和王権との関係を示す在地勢力の特殊な副葬品である。

◎薬師如来及両脇侍像

宮崎市の王楽寺の所蔵。鎌倉時代前期の彫刻。薬師如来坐像を中心に日光・月光菩薩立像からなる三尊像である。薬師如来坐像は像高85cmで、左手に薬壺を持ち、右の股の上に左足をおく結跏趺坐で、右肩を露出させた偏袒右肩に衣をかけている。くっきりとした円弧の眉にややつり上がった細い眼をし、顎のふくらんだ角ばった顔貌である。堂々とした体部を明瞭な衣文がおおう。両脇侍像は2体とも像高102cmで、それぞれ日輪と月輪を両手で持ち、足をやや浮かし、腰をひねる。頭上の宝髻を高く結い上げ、丸い顔貌の柔和な表情である。上半身は天衣と条帛をまとい、下半身には裳を着ける。薬師如来坐像は威厳のある重厚感を感じさせ、両脇侍像は優雅な雰囲気で

I　歴史の文化編　19

ある。鎌倉時代前期の写実的表現がうかがえる。

◎朝鮮国王国書

都城市の都城島津邸で収蔵・展示。朝鮮／李朝時代の歴史資料。朝鮮国王燕山君が1500年に琉球国王尚真へ宛てた外交文書である。縦58.1cm、横118.4cmの大型で厚い朝鮮製楮紙に、小さい文字の漢文体で書かれている。書契というスタイルの文書で、最初に朝鮮国王の名前と印、次に琉球国王の名前、本文、日付、最後に再び朝鮮国王の名前と印となり、全部で12行からなる。押された印の印文は「為政以徳」（徳を以て政を為す）とあり、朝鮮国王の私印である。本文の内容は、1497年に朝鮮南方（済州島）に船が漂着し琉球人が10人乗っていた。不幸にも6人死亡したが、生存する4人を対馬人に渡航費用を与えて送還を託したので、彼らが帰ってもとの生活に戻れれば幸甚ですという、漂流民の安否と出国を伝えている。当時、東アジアでは倭寇が盛んに活動し密貿易も活発だった。東アジアでの外交文書が少ない中、朝鮮国王が丁寧な対応をとったことを示す史料である。この文書は琉球国王宛ての国書であるから、本来ならば沖縄で伝わる文書である。沖縄ではなく、薩摩島津氏の分家都城島津氏に伝来した理由がいくつか推測されている。家臣の向井新左衛門が1750年にこの国書を都城島津氏へ献上したのだが、向井氏は、中世に明から日本へ渡航する船の警固をしていた野辺氏の一族だった。野辺氏は警護銭を支払わなければ荷物を奪う海賊行為も行っていたので、その際に入手したのかもしれないという説がある。また1609年に島津氏が琉球王国を侵攻した際に都城島津氏も従軍し、向井氏も参加していたので、侵攻の行賞として入手したという説もある。

◎神門神社本殿

美郷町にある。江戸時代前期の神社。7間社流造の社殿で1661年に建てられた。特殊な平面構造をしていて、中央の正面5間、側面2間を母屋の内陣にして、内陣を取り囲むように前方と両側面のそれぞれ1間通りを外陣とする。本殿正面中央5間には4本の柱がなく、長い大梁をかけ渡して、前面に横長の階段が付く。正面両端の柱間と両側面は格子で、背面は板壁である。内陣正面は、中央の柱間を板扉にしてその両側を格子、両端の柱間は板壁である。以前は両端の柱間も板扉だったという。内陣の両側面は板壁である。柱は円柱であるが、本殿正面には面取の角柱が使用されている。柱上の組物は舟肘木をおいて、簡素な外観である。屋根は板葺目板打ちの段葺という珍しい手法のようだが、現在覆屋で本殿が保護されている状態なので、屋根を詳し

く見ることは困難である。

◎高千穂神社本殿

高千穂町にある。江戸時代後期の神社。高千穂神社は宮崎県北西部の九州山地にあり、現在の本殿は、延岡藩3代藩主内藤政脩によって1778年に造営された。本殿は5間社流造で屋根は銅板葺で、南東に面して建つ。中央の正面5間、側面2間を母屋にして、母屋前面と両側面の三方に高欄付きの縁が回る。向かって右側縁の奥には、背面に沿った脇障子に彫刻が施され、反対側の左側縁の奥には小さな稲荷社がある。本殿正面中央3間には2本の柱がなく、広い空間となる。正面両端のそれぞれ2本の柱には面取の角柱が使われ、象頭の彫刻のある虹梁型頭貫で柱を相互に結び、獅子頭の付いた海老虹梁で母屋とつなぐ。母屋は円柱で正面を蔀戸、右側面前方1間を板扉にして、そのほかは板壁である。柱上の組物は三斗で、軒廻りに支輪をつける。右側妻の軒下には鳳凰、左側妻には藤棚に猿の彫刻が飾られている。中備の蟇股にもさまざまな装飾が施され、左側妻の蟇股には猟師と猪の珍しい彫刻が配置されている。右側縁の脇障子にある彫りの深い大きな彫刻は、社伝では、三毛入野命が鬼八を退治する彫像としている。左側縁奥にある稲荷社は方1間の切妻造、柿葺で平入の社殿である。縁に小社殿を置く類例は江戸時代中期以降、宮崎県北部と大分県南部に限られるという。細部に装飾が施され、地域的特色を備えた大規模な社殿である。

◎旧黒木家住宅

宮崎市の宮崎県総合博物館にある。江戸時代末期の民家。もと宮崎県南西部の高原町にあった薩摩藩郷士の家で、1835年に建てられた。オモテとナカエという寄棟造で茅葺の2棟を、鉤形（直角）に並べた分棟型の民家である。向かって右側のナカエは桁行4間半余り、梁間3間の妻入りで、内部は前方が土間（ドマ）、奥が竹床筵敷（ナカエ）である。左側のオモテは桁行5間、梁間3間半の平入で、正面と側面に吹き放しの縁が付く。内部はナカノマ、カシラノマ、ナンドの3間取りである。オモテとナカエの接合部分はテノマという板敷で、軒下に竹を並べた樋を通して雨水を防ぐ。上部構造は、オモテ、ナカエともに矩形断面の大梁を井桁状に組んで、上に扠首組の屋根を設ける。交差する太い梁は、民家特有の構造美を見せている。

I　歴史の文化編　　21

☞ そのほかの主な国宝／重要文化財一覧

	時代	種別	名　称	保管・所有
1	平　安	考古資料	◎銅印（印文「児湯郡印」）	西都市
2	鎌　倉	彫　刻	◎木造阿弥陀如来及両脇侍像	万福寺
3	鎌　倉	彫　刻	◎鉄造狛犬	高千穂神社
4	南北朝	彫　刻	◎木造騎獅文殊菩薩及脇侍像	大光寺
5	南北朝	書　跡	◎乾峯士曇墨跡	大光寺
6	室町中期	神　社	◎巨田神社本殿	巨田神社
7	室町中期	神　社	◎興玉神社内神殿	興玉神社
8	江戸後期	民　家	◎旧藤田家住宅 （旧所在　西臼杵郡五ヶ瀬町）	宮崎県
9	江戸後期	民　家	◎那須家住宅（東臼杵郡椎葉村）	—
10	大　正	住　居	◎旧吉松家住宅	串間市

城　郭

飫肥城

地域の特色

宮崎県は日向国である。太平洋に臨み北は豊後国に接し、西は阿蘇山地で、南西側に大隅国が連なる。

古くはハヤト（隼人）族が住み、大和の王権に対し、天平の頃に柵・柵戸を置かれたと「六国史」に記される。

鎌倉開府により、鎌倉御家人が地頭職として公領・荘園に到来。惟宗氏は島津氏の祖となり、県氏は工藤・田部氏の祖となり、さらに土持氏が現れる。土持氏は、はじめ井上城にあった。南北朝期に多くの山城が出現、伊東祐持が都於郡城を築いて入城するほか、浮田城・猪之見城が兵乱の舞台となった。室町幕府方の日向守護となった畠山氏は穆佐城を守護所とし、赤橋、土持氏を配下として南朝側の肝付氏の高城に対した。やがて伊東一族は田島城・木脇城・倉岡城を築いて、守護大名へと成長する。一方、島津氏は穆佐城を占拠して、飫肥城の新納氏を味方にして土持・伊東氏と対した。伊東氏は室町中期に財部・日知屋・潮見・門川氏などの土持一族の城を陥とし、飫肥城の島津氏に対し、清武城・日知屋城をもって対抗した。

戦国時代になると、伊東・島津両雄は志布志・飫肥・烏帽子・櫛間など南部の各地で争う。伊東氏は「伊東四十八城」を築いて島津氏の加久藤・飯野城に対抗した。大友氏は伊東氏、島津氏、土持氏と結んで、高城・耳川の合戦が行われ、豊臣秀吉の九州出兵へと進んだ。

秀吉は、九州の佐土原・都於郡などを島津領として、飫肥は伊東氏領とし、高城地方は秋月氏領とした。さらに、高橋元種を豊前香春城より土持氏の居城であった松尾に移した。高橋氏は松尾城に代わり縣城に入り、縣城が延岡地方の中心にふさわしいとして慶長6（1601）年より3ヶ年の歳月を費やし、縣城を改築して、延岡城と名づけ入った。その後延岡城主は有馬、三浦、牧野各氏と替わり、延享4（1747）年に内藤政樹7万石が入城、内藤氏が明治まで続いた。

Ⅰ　歴史の文化編　　23

主な城

飫肥城（おび）

所在 日南市飫肥　**遺構** 石垣、大手門（復元）、豫章館書院庭園ほか

天正15（1587）年8月、秀吉の九州平定が終わると、飫肥城は伊東祐兵に与えられ、祐兵は翌6（1588）年5月に入城した。関ヶ原の戦い後も本領を安堵された伊東氏は、14代5万1千石をもって明治までの居城とした。

飫肥城は酒谷川に面した台地に築かれ、川が大きく巾着状に湾曲した内側に、城と城下町が収まっている。創建年は明らかではないが、大きく空堀で区画した曲輪を連ねる群郭式城郭であった城は、貞享3（1684）年から10年にも及ぶ大地震からの復旧の際、現在は飫肥小学校のある中の丸と今城をならして本丸とし、南方の大手門にかけて改修して近世城郭として生まれ変わった。城内に建物は現存しないが、大手門脇にある豫章館は明治2（1869）年、藩知事となった14代祐帰が建設、屋敷と庭園が残る。大手に櫓門、松尾の丸に御殿、旧本丸の北虎口にも城門が再建されている。

佐土原城（さどわら）

別名 鶴松城、田島城　**所在** 宮崎市佐土原町上田島　**遺構** 土塁、堀　**史跡** 国指定史跡

古くは田島庄といわれた佐土原には鎌倉期以降、伊東氏一族の田島氏が城を構えた。応永34（1427）年、本家の伊東氏が田島氏から佐土原城を奪い、義祐の時には伊東四十八城の中心的城郭となった。元亀3（1572）年の木崎原の戦いで、義祐は島津義久に大敗北。日向を支配下に置いた義久は、弟の家久を佐土原城に入れた。天正15（1587）年、豊臣秀吉の九州平定後、家久が引き続き城主となるが、直後に急死し子の豊久が継いだ。その豊久も慶長5（1600）年関ヶ原の戦いで伯父義弘を無事脱出させるために討死、佐土原は一時幕府領となった。同8（1603）年、改めて徳川家康によって義久・義弘の従兄弟以久が佐土原3万石に封ぜられると、明治3（1870）年に広瀬へ移転するまで、島津氏が10代260年続いた。

佐土原は、南の鶴松山の北の弁天山に山城部（本丸）、この二つの山に三方を囲まれた東麓の居館部（二の丸・三の丸）とで構成される。山城域は標高75mの鶴松山山頂の本丸から、尾根筋に曲輪を段々に配置した構造である。慶長17（1612）年に2代忠興により完成したが、寛永2（1625）年、城の維持困難を理由に本丸を廃し、二の丸に居城を集約した。

平成元（1989）年から継続的に発掘調査が実施されている。二の丸御殿跡からは、14世紀から19世紀にかけての陶磁器や瓦、堀底幅約15mの堀跡、建物や井戸等の遺構が確認され、御殿の一部を復元した「鶴松館」が建てられている。本丸の調査では、建物跡や金箔鯱瓦を含む瓦や陶磁器が出土。南九州では唯一となる天守台も確認されている。

高鍋城　（たかなべ）　別名 財部城、舞鶴城　所在 児湯郡高鍋町　遺構 堀、石垣、土塁

　古くは財部といわれたこの地は、土持氏が初めて築城。伊東氏、島津氏を経て、天正15（1587）年の九州国分で、秋月種長は櫛間城に移封。慶長9（1604）年に財部に居城を移し、秋月氏は10代続き明治を迎えた。3代種信は、三階櫓のある山上から本丸を山腹に移し、延宝元（1673）年、地名を高鍋と改称した。舞鶴公園となった城跡には、石垣や堀が残る。

都於郡城　（と　の　こおり）　別名 浮舟城　所在 西都市鹿野田　史跡 国指定史跡

　都於郡城は、元亀3（1572）年の木崎原の戦いで島津氏に大敗するまで南北朝期以来、日向中央部に一大勢力を有した伊東氏の本拠であった。以後は島津氏の佐土原城の支城となったが、元和元（1615）年廃城になった。

　一ツ瀬川の支流三財川東岸、都於郡台地の北西端、標高約100mの台地上に築かれた。「五城郭」と呼ばれる5つの曲輪からなる主体部は、東西約400、南北約260mにも及ぶ。その外側、南〜東方の台地先端部には出城を設けた広大な城であった。現在も巨大な空堀で形成された曲輪が残る。

延岡城　（のべおか）　別名 亀井城、縣城　所在 延岡市本小路　遺構 石垣、復元城門ほか

　延岡の地は、古来、縣と呼ばれ、延岡城西方の松尾城に拠った土持氏の支配下にあった。天正15（1587）年の秀吉の九州平定後、豊前香春岳城主高橋元種が5万石で入封、関ヶ原の戦いでも本領を安堵されたが、同18（1613）年、罪人を匿ったとして改易された。その後は有馬氏・三浦氏・牧野氏と続き、内藤氏が8代120年間支配して明治を迎えた。

　延岡城は、慶長6〜8（1601〜1603）年に高橋元種によって、五箇瀬川と大瀬川が合流する地点の小山に築かれた。明暦元（1655）年、有馬康純によって天守代用の三階櫓が建てられたが、天保3（1683）年焼失した。

　現在は、石垣が残るが、二の丸の千人殺しといわれる高石垣は見所のひ

I　歴史の文化編　　25

とつである。平成5（1993）年には、北大手門が復元された。

都城（みやこの）

別名 鶴丸城　**所在** 都城市都島町　**遺構** 空堀、水堀

天授元（1375）年、島津氏の一族の北郷義久は都嶋に築城、都城と呼ばれた。忠相のとき都城盆地一帯を統一し、都城が拠点となった。文禄4（1595）年伊集院忠棟が一時入るが、江戸時代を通じて北郷氏の私領地として続いた。都城市役所の付近に領主館が置かれ、その周囲に麓が形成された。シラス台地の端部を分割、大淀川を背後にした本丸から西方へ11の曲輪が展開。城域の総面積が約25 ha もある広大な城だった。現在は本丸を含む6つの曲輪が残り、城山公園入口に模擬大手門（櫓門）が建てられている。

宮崎城（みやざき）

別名 池内城、龍峯城　**所在** 宮崎市池内町　**遺構** 堀切、土塁

宮崎城は、宮崎平野に西方から張り出した、標高約90 m の丘陵上に築かれている。南北朝期は図師氏、土持氏、その後は戦国期まで伊東氏、島津氏が争奪していた。天正15（1587）年、豊臣秀吉の九州平定後は、高橋元種の領有となった。慶長5（1600）年関ヶ原の戦いで元種が権藤種盛を守将として、日向の諸将とともに西軍に属して出陣すると、一人東軍についた飫肥城主伊東祐兵に攻められ、9月29日の夜、種盛は戦死し宮崎城は落城した。のち有馬直純の領有となるが、元和元（1615）年廃城となった。

現在、城跡には曲輪や堀切、土塁などの遺構が良好に残っている。

穆佐城（むかさ）

別名 六笠城、高城　**所在** 宮崎市高岡町　**遺構** 土塁、堀切
史跡 国指定史跡

穆佐城は、大淀川南岸の標高約60 m の丘陵に築かれている。この地は、佐土原から都城を経て薩摩へ向かう薩摩街道上の要衝であった。築城者も年代も明らかではないが、戦国時代には伊東氏と島津氏が争奪を繰り返した城である。天正15（1587）年の豊臣秀吉の九州平定後、伊東氏に飫肥、島津氏に佐土原と諸県郡が与えられ、穆佐城は島津の支配となった。江戸時代の穆佐郷は島津の直轄地となり、元和元（1615）年の一国一城令以後は、島津領の外城の一つとなり、地頭仮屋は穆佐城の麓に置かれた。

穆佐城は、シラス台地を大規模な堀切によって区画した、4つの曲輪群で構成されている。各曲輪群は堅固な土塁を築いている。現在も曲輪や土塁、堀切等の遺構がきわめて良好に遺存している。

戦国大名

宮崎県の戦国史

　室町時代の宮崎県は南部を島津氏、真幸院を中心とした加久藤盆地を北原氏、宮崎付近を伊東氏、中北部を古代から続く土着の豪族である財部土持氏と縣土持氏が支配していた。長禄元年（1457）伊東祐堯は財部土持氏を滅ぼしてその勢力を広げ、さらに文明年間に島津氏配下の飫肥の新納忠続と櫛間の伊作久逸が対立すると、祐堯の子祐国は南部進出を狙って伊作氏を助けて参戦した。しかし、祐国が討死するなど大敗を喫し、さらに、祐国の跡をめぐって弟祐邑と嫡男祐良による内訌も発生した。

　この内訌に勝利した祐良は将軍足利義尹（のちの義稙）から一字を拝領して尹祐と名乗り、伊東氏を統一した。ところが、尹祐の嫡男祐充が早世すると、再び尹祐の弟の祐武と、祐充の弟祐清・祐吉が争い、これを制した祐清が将軍家の偏諱を受けて義祐と改名し伊東氏を統一した。

　以後、義祐は戦国大名に発展、天文17年（1548）には将軍家の相伴衆となり、同19年には上洛している。永禄年間になると義祐は飫肥に進出、一方南北朝時代以来続いた北原氏の真幸院支配が終わり、北原氏は島津氏に降った。これによって伊東氏と島津氏は直接対峙することになる。

　天正5年（1577）野尻城が島津勢に敗れて落城すると、またたく間に島津義久によって所領全土が落とされ、義祐は豊後の大友氏のもとに逃亡。翌年大友義統は縣土持氏を滅ぼすも、耳川合戦で大友・伊東軍は島津氏に大敗、伊東氏は一旦滅亡して日向国は島津氏の領国となった。

　天正15年（1587）、島津氏は九州入りした豊臣秀吉に敗れ、その軍門に降った。日向国は秀吉の家臣となって九州出兵の際に案内役をつとめた伊東義祐の二男祐兵や島津豊久の他、豊前の高橋氏、筑前の秋月氏などに再配分された。

I　歴史の文化編

主な戦国大名・国衆

荒武氏 日向国都於郡の国衆。名字の地は同郡荒武（西都市荒武）だが、同地は古くは「荒滝」であったことから荒滝氏とも書く。荒武の土豪で、元享3年（1323）伊東氏によって荒武名を安堵されてその被官となった。戦国時代の荒武三省は花雲軒と号し、京の文人などとも交流があった。天文3年（1534）三股城で討死している。

伊東氏 日向国の戦国大名。祐経が源頼朝の寵臣となって、建久元年（1190）に日向国の地頭となったという。建武2年（1335）祐持は足利尊氏に属して各地を転戦。子祐重は尊氏から都於郡を与えられ、やがて先行土着していた庶子家を被官にすると同時に、古くから日向に勢力を保っていた土持氏をもその支配下に置いた。長禄元年（1457）祐堯は財部土持氏を滅ぼし、以後子祐国の頃にかけて全盛期を迎え、日向国の大半を支配した。大永3年（1523）尹祐と弟の祐梁が急死、祐充が若年だったために外戚の福永氏が台頭して譜代の家臣と対立。天文2年（1533）に祐充が早世すると祐武が福永氏を討つが、今度は祐武と祐清（義祐）が対立し、祐武が切腹した。すると米良山の一揆衆が祐武の嫡男を擁立して蜂起するなど、しばらく内訌が続いた。この内訌を収めた祐清は天文7年（1538）に義祐と改名、以後戦国大名に発展、永禄11年（1568）には島津忠親から飫肥南郷を奪って日向国をほぼ支配した。以後、日向南部をめぐって島津氏と激しく争っていたが、天正5年（1577）に野尻城が落城すると、またたく間に島津義久によって所領全土が落とされ、日向伊東氏は一旦滅亡した。その際、伊東義祐の二男祐兵は豊後の大友氏のもとに逃れ、翌年耳川の合戦で大友氏が大敗すると、豊臣秀吉に仕えて河内国丹南郡で500石を与えられた。同15年豊臣秀吉の九州出兵の際に案内役をつとめ、翌年日向飫肥（日南市）で伊東氏を再興。子孫は江戸時代も日向飫肥藩主となった。

北原氏 日向・大隅の国衆。鎌倉時代に肝付兼貞の三男兼幸が串良地方の弁済使となって大隅国肝属郡北原（鹿児島県鹿屋市串良町）に住んだのが祖で、北原城に拠った。南北朝時代、兼延は宗家肝付氏とともに島津氏

と戦って敗れ、正平12年（1357）落城。日向国に転じて畠山直顕に従い、真幸院を与えられた。直顕が失脚すると、守護島津氏に仕えた。室町末期には日向南部に勢力を広げ、戦国時代には再び大隅北部に進出したが、島津氏と伊東氏の狭間で両氏の勢力争いに巻き込まれ、永禄7年（1564）島津本家の貴久に敗れてその家臣となった。

木脇氏（きわき）　日向国諸県郡の国衆。伊東（工藤）祐時の八男祐頼が伊東祐光の代官として下向し、同郡木脇（東諸県郡国富町）に住んで木脇氏を称したのが祖。建武2年（1335）祐広は南朝に与して挙兵し、総領家の伊東祐持と戦っている。室町時代には伊東祐立の四男の祐為が木脇氏を継ぎ、以後子孫は木脇城に拠って伊東氏に属した。

田島氏（たじま）　日向伊東氏の庶流。伊東祐時の四男祐明が日向国宮崎郡田島荘（宮崎市佐土原町）の代官となって下向し、田島氏を称したのが祖。以後、鎌倉時代は日向国の在庁官人であったとみられる。4代祐聡のときには児湯郡にまで勢力を広げて全盛時代を迎えた。その後、総領家である伊東氏の被官となり、のち伊東祐立の子祐賀が田島氏を継いで佐土原城に転じ、佐土原氏と改称した。

土持氏（つちもち）　日向国の豪族。反正天皇皇子高部王子の子武城王の子孫で、22代土持冠者栄妙が日向の押領司となって下向したというが実際は不詳。宇佐八幡の神人として日向に来国したという。のち日向の在庁官人として大きな力を持っていた日下部氏と縁戚関係を持ち、やがて日下部氏に代わって国富荘を中心として勢力を広げ、一族は日向一円に広がった。財部、県、大塚、清水、都於郡、瓜生野、飫肥の7家があり、合わせて土持七頭と称されたが、その系図ははっきりしない。やがて伊東氏の勢力拡大によって次第に圧迫され、長禄元年（1457）財部土持氏は伊東氏に降って滅亡した。一方、県土持氏は南北朝時代から井上城に拠っていたが、永享元年（1429）土持次郎全宣が宝坂城（西階城、延岡市）を築城。さらに文安3年（1446）松尾城（延岡市松山町）を築城して、以後代々戦国時代まで日向北部を支配していた。天正6年（1578）大友宗麟の島津攻めの際に落城、親成は豊後で斬られ、子高信も自刃して滅亡した。同15年豊臣秀吉の九州攻め後、親

成の養子久綱は薩摩に逃れ、江戸時代は薩摩藩士となった。

那須氏（なす）　日向国臼杵郡の国衆。下野那須氏の庶流で、宗隆の長男宗治の子孫とも弟宗久の子孫ともいう。平家の残党追討のために日向国椎葉に入った那須大八郎が平家残党の鶴富姫との間に子をなし、娘であったために子は椎葉に土着したものと伝える。以後小崎城（東臼杵郡椎葉村大川内）に拠り、椎葉山一帯を支配した。同家屋敷は鶴富屋敷ともいわれ、国指定重要文化財である。

北郷氏（ほんごう）　日向国諸県郡の国衆。文和元年（1352）島津忠宗の六男資忠が足利尊氏から日向国北郷を与えられて北郷氏を称したのが祖。2代義久は都城に移り、以後代々都城を領して島津氏の重臣となった。戦国時代、忠相は島津豊州家と結んで島津本家から自立、豊州家とともに都城盆地を制圧し、さらに大隅国曽於郡にも進出した。しかし、伊東氏の侵攻などに圧迫されて次第に島津本家のもとに戻っている。文禄4年（1595）忠能のとき、薩摩国宮之城に移ったが、慶長5年（1600）に都城に復帰。寛文3年（1663）以降は島津氏を称した。

三田井氏（みたい）　日向国臼杵郡高千穂の国衆。神武天皇の皇兄三毛入野命が高千穂に住んで高千穂氏を称したのが祖というが、実際は豊後の大神氏の一族か。鎌倉時代には高千穂氏を称して、高千穂荘の地頭であった。南北朝時代には、惣領家の支配地域が臼杵郡高知尾荘三田井郷（西臼杵郡高千穂町）のみとなったため、三田井氏に改称したとみられる。戦国時代は三田井城に拠り、のち島津氏に従っていた。豊臣秀吉の九州仕置後、新たに日向北部の領主となった高橋元種との間に所領争いが起こり、天正19年（1591）親武が高橋元種に敗れて滅亡した。

米良氏（めら）　日向国児湯郡米良（児湯郡西米良村）の国衆。菊池能運の子重為が元米良に入って米良氏を称したのが祖というが、諸説あってはっきりしない。重次のときに米良山銀鏡（西都市東米良）に転じた。代々米良を領して、戦国時代は伊東氏に属していたが、米良重鑑は伊東義祐に謀殺されている。重鑑の甥の重隆は徳川家康に仕え、江戸時代は交代寄合となった。

名門／名家

◎中世の名族

伊東氏

　　　　　　日向国の戦国大名。伊東祐経が源頼朝の寵臣となって各地に所領を与えられ、1190（建久元）年には日向国の地頭となったという。伊東氏の家譜である『日向記』によると、跡を継いだ祐時も98（同9）年に頼朝から再び日向国の地頭職を与えられ、一族庶子を代官として下向させ、まず彼らが土着したという。

　1335（建武2）年祐持は足利尊氏に属して各地を転戦。同年庶子家の木脇家が日向で南朝方に属して挙兵したこともあり、日向国に下向した。子祐重は尊氏から都於郡を与えられ、やがて先行土着していた庶子家を被官化すると同時に、古来から日向に勢力を保っていた土持氏をもその支配下においた。

　1457（長禄元）年祐堯は財部土持氏を滅ぼし、以後子祐国の頃にかけて全盛期を迎え、日向国の大半を支配した。1523（大永3）年尹祐と弟の祐梁が急死、祐充が若年だったために外戚の福永氏が台頭して譜代の家臣と対立。33（天文2）年に祐充が早世すると祐武が福永氏を討つが、今度は祐武と祐清（義祐）が対立し、祐武が切腹した。すると米良山の一揆衆が祐武の嫡男を擁立して蜂起するなど、しばらく内訌が続いた。

　この内訌を収めた祐清は義祐と改名、以後戦国大名に発展、68（永禄11）年には島津忠親から飫肥南郷を奪って日向国をほぼ支配した。以後、日向南部をめぐって島津氏と激しく争っていたが、77（天正5）年に野尻城が落城すると、瞬く間に島津義久によって所領全土が落とされ、日向伊東氏はいったん滅亡した。

I　歴史の文化編　　31

◎近世以降の名家

赤木家
あかぎ

　児湯郡川北（都農町川北）の豊後街道沿いで万屋と号した豪商。山林業で財を成し、江戸時代後期には高鍋藩主の参勤交代の際に本陣もつとめた。1844（天保15）年に完成した住宅と本陣が同じ棟にある同家住宅は全国的にも珍しく、2004（平成16）年に国の重要文化財に指定された。

秋月家
あきづき

　高鍋藩主。関ヶ原合戦の際、種長は西軍に属して大垣城に拠ったが、合戦直後に東軍に内応して大垣城を落として降伏。これによって所領を安堵され、江戸時代も引き続き高鍋藩主をつとめた。秋月家は4代藩主秋月種政以降、代々好学の藩主が続き、7代種茂は明倫堂を創立、多くの学者を生んだ。幕末、秋月種樹は外様大名としては異例の若年寄格にまで列している。また名君で有名な米沢藩主上杉鷹山も秋月家の出である。

　幕末、藩主種殷の弟で世子だった種樹は将軍徳川家茂の侍読をつとめ、1867（慶応3）年には若年寄に就任。維新後も新政府に出仕、74（明治7）年に兄の種殷が死去すると家を継ぎ、元老院議官、貴族院議員などを歴任した。84（同17）年種繁の時に子爵となる。

伊東家
いとう

　飫肥藩（日南市）藩主。日向伊東氏滅亡の際、伊東義祐の二男祐兵は豊後の大友氏の下に逃れたが、1578（天正6）年の耳川の合戦で大友氏が大敗して伊予国に転じた。同年豊臣秀吉に仕えて河内国丹南郡で500石を与えられた。87（同15）年豊臣秀吉の九州出兵の際に案内役をつとめ、翌年日向飫肥3万6000石で伊東氏を再興した。関ヶ原合戦では東軍に属したが直後に死去、子孫は江戸時代も日向飫肥5万1000石の藩主となった。1884（明治17）年祐帰の時子爵となる。祐帰の子祐弘、孫祐淳は共に貴族院議員をつとめた。

小田家
おだ

　延岡城下（延岡市）の豪商。石見屋と号した。肥前小田氏の一族という。小田伊佐衛門が有馬直純に仕え、その延岡転封で延岡に移った。子治左衛門は致仕して町人となる。内藤家の延岡入封後、東西二家に分かれ、大坂資本と組んで海運業・酒造業で栄え、延岡藩における特権商人と

なった。1754（宝暦4）年には名字帯刀を許され、61（同11）年には郷士格、71（明和8）年には本〆方支配に登用された。その後は、椎葉山の山林経営にも乗り出している。

島津家
しまづ

佐土原藩（宮崎市）藩主。戦国大名島津貴久の四男家久は日向国佐土原（宮崎市佐土原町）を領して佐土原島津家の祖となった。子豊久は関ヶ原合戦で戦死、徳川家康によっていったん所領は没収された。1603（慶長8）年になって、貴久の甥の以久が3万石で再興、90（元禄3）年に分知があり、2万7000石となった。1884（明治17）年忠亮の時子爵となり、91（同24）年には伯爵となった。

分家に垂水島津氏と島之内島津氏がある他、忠亮の二男健之助も分家して男爵となった。

谷家
たに

延岡城下（延岡市）で藤屋と号した豪商。1821（文政4）年近江国蒲生郡日野（滋賀県蒲生郡日野町）の谷栄助・五兵衛父子が日向国延岡に移住して藤屋を創業したのが祖。代々五兵衛を称したことから「藤五」と呼ばれた。

58（安政5）年2代目五兵衛の弟の仲吉は郷士に取り立てられ、63（文久3）年に分家して藤屋仲吉を興し「藤仲」と呼ばれた。その後廻船業を行い、維新後は延岡銀行も創立。2代目仲吉は土地を集積して県内屈指の大地主となった。2010（平成22）年同家に伝わる貨幣・能面・装束など約8000点が九州国立博物館に寄託された。

内藤家
ないとう

延岡藩主。藤原北家秀郷流の丹波内藤氏の子孫という。応仁年間に三河国に移って、碧海郡上野村に住んだと伝える。義清の時に松平信忠に仕え、上野城に拠った。以後譜代の家臣となる。

家長は1590（天正18）年の関東入国で上総佐貫2万石を与えられ、関ヶ原合戦で伏見城を守って戦死した。子政長は1622（元和8）年磐城平7万石に入封。義孝の兄で病身のため家を継がなかった義英は、露沾と号した俳人として著名。1747（延享4）年政樹の時日向延岡（延岡市）に転封となった。政樹は算学者でもあり、以後幕末まで数学は藩学の一つであった。また、露沾の長男であることから、沽城と号した俳人としても知られた。幕末の

当主政義は大老井伊直弼の実弟である。1884（明治17）年政挙の時に子爵となる。

那須家

臼杵郡の旧家。下野那須氏の庶流で、宗隆の長男宗治の子孫とも弟宗久の子孫ともいう。平家の残党追討のために日向国椎葉に入った那須大八郎が平家残党の鶴富姫との間に子をなし、娘であったために子は椎葉に土着したものと伝える。以後小崎城（椎葉村大川内）に拠り、椎葉山一帯を支配した。同家屋敷は鶴富屋敷ともいわれ、国指定重要文化財である。

日高家

天領である諸県郡本庄（国富町）で和泉屋と号した豪商。初代盛武は宮崎市瓜生野にある瓜生野八幡神社の神官だったが、家督を弟に譲って本庄に移り住み創業したという。3代目の弥平次の時に豪商となり、4代弥次兵衛の頃から農閑期に漉かせた本庄和紙で財を成した。

二見家

東諸県郡内山村（宮崎市高岡町内山）の薩摩街道にあった去川関の関所御定番。永禄年間（1558〜1570）二見石見守久信が、家族家来200人余りと共に伊勢国二見浦（三重県伊勢市）から移り住んで去川を開拓したのが祖という。後島津氏によって関所御定番に登用され、二見休右衛門家と納右衛門家が明治維新まで代々つとめた。関所跡近くには、二見家屋敷跡、二見家墓地などが残っている。

米良家

交代寄合。菊池能運の子重為が日向国児湯郡米良（西米良村）に住んで米良氏を称したのが祖というが、諸説あってはっきりしない。重次の時に米良山銀鏡（西都市東米良）に転じた。

代々米良を領して、戦国時代は伊東氏に属していたが、米良重鑑は伊東義祐によって謀殺されている。1601（慶長6）年重鑑の甥の重隆は徳川家康に仕え、江戸時代は交代寄合となって小川（西米良村）に住み、代々主膳を称した。なお、領地は無高である。明治維新後、則忠は菊池氏に戻り、1884（明治17）年子武臣が男爵を授けられ、貴族院議員をつとめた。

博物館

西の正倉院
〈奈良正倉院の原寸復元〉

地域の特色

　宮崎県は、九州の南東部にあり、県の西部には霧島山から国見山地、高千穂峡へと続く九州山地が、九州の背骨のように連なる。標高が高く谷も深いことから人々の往来に影響を与えている。一方で、太平洋に開けた南北に長い自然海浜を有し、その後背地には宮崎平野が広がるなど、豊かな自然と温暖な気候とも相まった日本有数の農業県である。避寒地としても知られており、一時期は新婚旅行先、近年はプロ野球のキャンプ地としてなど、多くの人々を魅了し続けている。人が住み始めたのは、中期旧石器時代の終わり頃の約5万年前頃とされるが、最も古い遺跡は川南町の後牟田遺跡で、以降、縄文、弥生、古墳と各時代の遺跡が県内各地で多く発掘されており、特に7世以降の日向国時代の神話伝説は今でも語り継がれ、地域のアイデンティティになっている。産業は前述のように農業中心で、稲作、野菜、果実の栽培、牧畜などが盛ん。国鉄時代、直線の海岸線を生かしてリニア実験線が敷設された。県北部は、豊富な水資源を活用した工場や関連企業も多く企業城下町としても栄えている。

主な博物館

宮崎県総合博物館　宮崎市神宮

　1967（昭和42）年、明治百年記念事業準備委員会が神宮神苑に歴史、自然科学、美術の展示とホールをもつ施設の建設を答申し、その4年後の71（昭和46）年に開館した。館内は自然史部門、歴史部門、民俗部門の三つに大きく分けた展示室で構成されている。自然史では一般的な生物進化だけに限らず、壮大な照葉樹林のジオラマを特徴として、宮崎県の山間部から河川、海岸など豊かな自然を紹介し、歴史では古代から近世までを幅広く、民俗では日向の山村の用具を通して人々の暮らしを再現している。

Ⅰ　歴史の文化編　　35

宮崎県立西都原考古博物館　西都市大字三宅字西都原西

　西都原古墳群は県のほぼ中央、一ツ瀬川の右岸の西都原台地とその周辺の中間台地や沖積地にあり、3世紀末から7世紀にかけて築造されている。同館はこの敷地内に2004（平成16）年に整備され、本地で発掘された資料を中心とした展示は常新展示とオープン展示がある。常新展示とは多くの新しい試みに挑戦している様を言い、その一つに固定化した解説で終わらず、学芸員、ボランティアを語り部として館内や屋外整備古墳などの解説活動の根幹にあて歴史を語り継いでおり、本名称の普及にも努めている。また、施設・整備では音声ガイドシステムや触察ピクトなどを整備し、ユニバーサルな博物館活動を展開し体験教室も充実している。

フェニックス自然動物園　宮崎市塩路浜山

　1971（昭和46）年に開園し太平洋に面する宮崎市北東部の一ツ葉海岸の約13万平方メートル松の丘陵地に約100種1,200点の動物たちが飼育されている。アジアゾウ展示場、アフリカ園、ラクダ園、類人猿舎、こども動物村などで構成され、クジャクなど一部の鳥類が園内に放たれて飼育され、フラミンゴショーも日本一の規模である。

宮崎県立青島亜熱帯植物園　宮崎市青島

　青島は日南海岸国定公園の「鬼の洗濯板」と呼ばれる波状の岩に囲まれた小島である。亜熱帯植物27種を含む約200種5千本を超える植物が生育し、1952（昭和27）年に特別天然記念物に指定され、北半球最北の亜熱帯植物群落として知られる。昭和中期に盗採や火災が発生したことにより、保護対策として島内の探勝が禁止されたことから、青島の対岸に1967（昭和42）年に植物園が設置された。園内では青島に自生する植物だけでなく、シンガポール植物園やブラジル、アルゼンチンなどから譲り受けた亜熱帯植物が植栽され、温暖な宮崎を象徴する施設として親しまれている。

大淀川学習館　宮崎市下北方町

　大淀川は太平洋に注ぐ宮崎県を代表する一級河川で、同館は大淀川の浄化活動および環境や自然、動植物のことを見て、触れて、体験して、楽し

く学べるシンボル施設として1995（平成7）年に設置された。ハイビジョン立体映像の「川のシアター」や周年チョウが観察できる「自然楽習園」、幻の魚「アカメ」が観察できる「生体展示室」がある。隣接した屋外施設「里山の楽校」では宮崎市近郊の代表的な樹木が観察できる。

都城歴史資料館　都城市都島町

北郷義久氏の居城であった都之城址本丸跡に、林野庁のモデル木造施設建設事業として建設された城郭風建築物で、郷土に残る歴史・文化資料の保存・展示・活用を目的に1989（平成元）年に開館した。本館は都城盆地を一望する中世城郭の城跡に建てられ、随所に特徴的な木組み構造を観察することができる。都城は1375（永和元）年に築城され、北郷氏はここを拠点に盆地を統一、1615（元和元）年の一国一城令により廃城となったが、その名前は現在の都城市へと引き継がれている。

高千穂町歴史民俗資料館　西臼杵郡高千穂町三田井

高千穂に残された神話・伝説の史跡や古代遺跡古文書、民俗文化財など約1万点の文化遺産が収集、保管展示され、縄文時代の遺跡出土物から戦時中の遺産など、高千穂に流れてきた時間を感じることができる。考古では吾平原北6号横穴墓の剝ぎ取り転写模型が、民俗では「高千穂の夜神楽」の神面や彫物と呼ばれる紙飾りも特徴である。

宮崎県農業科学公園　農業科学館　児湯郡高鍋町大字持田

農業県である宮崎を象徴する施設で農業とおいしく・たのしく・おもしろく出会うとして1997（平成9）年に開園した。園内にある農業科学館では、宮崎県の農業を分かりやすく展示した「わくわく農業ランド」や、2010（平成22）年に発生し宮崎県の畜産界をゆるがした口蹄疫について学ぶことができる「口蹄疫メモリアルセンター」、昔の農業機械を展示したコーナーなどがある。

宮崎市佐土原歴史資料館　宮崎市佐土原町上田島

佐土原城は1869（明治2）年に廃城となり城跡は田畑になっていたが、120年後の1989（平成元）年に発掘調査が行われ、柱穴・根石や石組・木

Ⅰ　歴史の文化編　　37

組の暗渠などの遺構が発見された。二の丸跡に大広間・書院・数寄屋が復元され、1993（平成5）年に鶴松館が開館した。大広間では藩主が他藩の使節らと対面する様子を復元している。書院では藩主が日常政務を執る書院の外観を復元し、その内部は古代から近現代にかけての佐土原の歴史を展示・解説している。

西の正倉院　東臼杵郡美郷町南郷神門

奈良の正倉院南倉の銅鏡唐花六花鏡と同一品が同町に保管されていることから計画され、正倉院原図を基に樹齢400～500年の木曾天然檜を使い、1996（平成8）年に再建したレプリカ建築。百済王伝説との関係を指摘される祭師走祭りの紹介と銅鏡の展示などが行われ、非公開とされている正倉院内部を見学することができる。

若山牧水記念文学館　日向市東郷町坪谷

1965（昭和40）年に建った牧水記念館の後を受けて、牧水生誕120周年を記念して2005（平成17）年に開館した。生家からほど近い牧水公園内にある。略年譜、小中学校期を過ごした延岡、牧水を慕う人々、父の思い出など、若山牧水についての展示の他に、詩人高森文夫についての展示室や、若山牧水賞を紹介する企画展が開催されている。

国際交流センター小村記念館　日南市飫肥

20世紀初頭に日英同盟を結び、日露戦争後の講和会議では全権大使としてポーツマス条約を締結するなど、日南市が生んだ外交官小村寿太郎の功績を称えるため1992（平成4）年に竣工した。年代ごとに小村侯の遺品や業績資料を展示し、日露講和条約調印時の会場テーブルを復元、生い立ちや功績をアニメやビデオで紹介している。

えびの市歴史民俗資料館　えびの市大明司

市の歴史にふれ、貴重な歴史資料を後世に伝え残すための施設として建設された。約1500年前の島内地下式横穴墓群から出土した短甲や冑、銀象嵌大刀などの重要文化財も展示し、古代から現代までの人々の民俗資料を通してその時代の人々の暮らしぶりがわかる。

名　字

〈難読名字クイズ〉
①莫根／②内杤保／③大平落／
④大河平／⑤邪答院／⑥爰野／
⑦砂糖元／⑧銀鏡／⑨八重尾／
⑩早生／⑪蓬原／⑫五六／⑬真
早流／⑭霊元／⑮済陽

◆地域の特徴

　宮崎県の名字の最多は、全国順位308位の黒木。全国ランキングで300
位台の名字が県で最多というのはきわめて異例で、他には沖縄県の比嘉（全
国順位400位台）しかない。

　黒木は県内にほぼまんべんなく分布しているが、読み方には「くろき」
と「くろぎ」の2通りがある。本書では清濁の違いのみは同じとしているの
で、このランキングでは両方を合わせたものである。ルーツは、南朝で活
躍した熊本の菊池氏の一族や、鹿児島の島津氏の一族、日向の古代豪族阿
万氏の一族など、多くの系統がある。というのも、黒木とは冬になっても
葉を落とさない針葉樹のことを「くろき」「くろぎ」といったことに由来す
るもので、県内各地にルーツがあるからだ。

　黒木に次ぐ第2位は甲斐で、この2つの名字が飛び抜けて多い。甲斐は
大分県と共通する名字で、県内でも延岡を中心に県北部に多い。ルーツは
肥後の菊池氏で、この一族が甲斐国（山梨県）に住んで甲斐を名乗った後

名字ランキング（上位40位）

1	黒木	11	井上	21	山口	31	橋口
2	甲斐	12	高橋	22	松田	32	坂元
3	河野	13	吉田	23	川越	33	森
4	日高	14	谷口	24	斉藤	34	安藤
5	佐藤	15	後藤	25	前田	35	山田
6	長友	16	矢野	26	池田	36	中武
7	田中	17	山本	27	金丸	37	坂本
8	児玉	18	渡辺	28	鈴木	38	柳田
9	中村	19	横山	29	川崎	39	川野
10	山下	20	岩切	30	原田	40	松本

I　歴史の文化編　　39

に日向に移り住んだのが始まりと伝える。

3位には「かわの」と読む河野が入る。河野は「こうの」と「かわの」の2つの読み方があり、全国的には「こうの」さんの方がやや多い。しかし、宮崎では実に97％が「かわの」さん。したがって宮崎県には河野は多く、「かわの」と読む河野さんの4分の1近くは宮崎県にいる計算になる。

4位の日高は鹿児島県と共通するもので、6位に宮崎独特の長友が入る。8位の児玉は埼玉をルーツとする名字だが、実数、人口比とも宮崎が全国一多い。

以下、20位岩切、23位川越、27位金丸、36位中武などが宮崎独特の名字。このうち金丸は「かねまる」と読む。金丸と宮崎県と山梨県の2県に集中している名字で、両県ともに「かねまる」が主流。また、岩切は全国の半数以上、中武は7割以上が宮崎県にある。とくに中武は県内でも宮崎市・西都市・西米良村に県全体の8割近くが集中している。

それ以下では、42位押川、57位戸高、59位椎葉、60位浜砂（はますな）、65位外山（とやま）、71位興梠、81位永友、93位飯干（いいぼし）が独特。押川と永友、飯干は全国の6割、浜砂は実に4分の3が県内在住。また、飯干は県境を越えて熊本県山都町にまで広がるが、山都町では飯星と漢字が変化することも多い。

101位以下では、杉尾、新名、奈須（にいな）、蛯原（えびはら）、津曲（つまがり）、米良（めら）、時任（ときとう）、図師、串間、平原などが独特の名字である。

このうち、押川は全国の半数以上が宮崎県にある。また、永友は長友から、奈須は那須から漢字が変化したもの。また、米良、串間は県内の地名がルーツである。

●地域による違い

地域別にみると、宮崎市付近では黒木と日高が多く、次いで河野、長友、永友など。田野町の船ヶ山（ふながやま）、都農町の土工（どこう）、西米良村の上米良（かんめら）などが独特。上米良は「かみめら」とも読む。

県南部では圧倒的に河野が多く、日南市・串間市ともに河野が最多。谷口、田中も多い。日南市の蛯原、串間市の津曲（つまがり）が特徴。蛯原は日南市と茨城県南部に集中している名字で、「蛯」は蛇行する川に由来する。

霧島地区では、旧市町村によってばらばらで、旧須木村（小林市）では八重尾（はえお）が最多だったほか、小林市には鵯野（ひばりの）という難読名字も多い。

都城地区は、県内でも他の地域とは大きく違う。中村、坂元、東（ひがし）が多く、

三股町では山元が最多となっているなど、鹿児島県の影響が強い。都城市に合併した旧山之口町（都城市）では蔵屋、旧高城町では天神、旧山田町では竹脇などが特徴。

　都城地区の名字が、県内の他の地域とは大きく違っているのには歴史的な理由がある。というのも、この地域は江戸時代薩摩藩領に属しており、島津氏の一族が支配していたからだ。薩摩藩は独自の鎖国制度をとっていたため、同じ県内でも、人の行き来が少なかった。そのため、「元」や「之」「園」を使う名字が多いなど鹿児島県の特徴を色濃く残している。また、阿久根、安楽、黒葛原といった鹿児島由来の名字も多い。その他、都城市で清水を「きよみず」と読むことが多いのも鹿児島県の影響だ。

　日向市を中心とした県中部は黒木と甲斐が多い。椎葉村では村名と同じ椎葉が最多となっているほか、美郷町の宇和田などが独特。

　延岡市を中心とする県北部では、大分県と共通する甲斐、小野、佐藤の3つが多いほか、高千穂地区では飯干や興梠も多い。飯干は日之影町の地名がルーツで高千穂を中心に広がる。

● 独特の読み方をする名字

　宮崎県には、他県とは違った独特の読み方をする名字が多い。

　宮崎市付近に多い小城という名字は、県内では8割以上が「こじょう」と読む。隣の鹿児島県でも「こじょう」が多いが、小城市のある九州北部では「おぎ」が主流。ちなみに、東京では「おぎ」「こじょう」「こじろ」がほぼ3分の1ずつである。

　小村は宮崎県と島根県に多い名字で、島根県では97％以上が「おむら」なのに対し、宮崎県ではほぼすべて「こむら」と読む。したがって、「こむら」と読む明治の外交官小村寿太郎は宮崎県日南市の出身である。

　海野は長野県東部の地名をルーツとする名字で、山梨県から静岡県にかけてと、宮崎県に集中している。このうち、最も海野の多い静岡県ではほぼ「うんの」と読むが、宮崎県では逆にほぼ「うみの」で、一部に「かいの」もある。

　木下も、全国的には「きのした」がほとんどだが、県内では国富町を中心に4割強は「きのした」ではなく「きした」と読む。

● 伊東氏

　室町時代から戦国時代にかけて、日向国で大きな勢力を振るったのが伊

東氏である。

伊東氏は藤原南家の出で、そのルーツは今の静岡県伊東市。平安時代末期に、維職が伊豆押領使となって伊豆国伊東荘に住んで伊東氏を称したのが祖で、以後各地に広がった。日向の伊東氏は、源頼朝の寵臣となった伊東祐経を祖とし、まず分家を日向に移住させて支配した。しかし、南北朝時代に本家が北朝に属したのに対し、日向に土着していた分家が南朝方に属したことから、本家も日向に移り住み、分家を家臣化してやがて戦国大名へと脱皮した。一族の数は多く、早川氏、三石氏、田島氏、門川氏、木脇氏、稲用氏、清武氏などがある。

● 椎葉村と椎葉

平家の落人伝説でも知られる東臼杵郡椎葉村は、村で一番多い名字が椎葉である。名字の由来のうち、最も多いのは地名由来のため、市町村名と名字が同じなのは別に珍しくないのでは、と感じるかもしれないが、実は自治体名と一番多い名字が一致している例はほとんどない。

確かに名字のルーツは地名が多いが、発祥地となった土地でその名字を名乗れるのは、領主とその一族だけ。同じ場所に住んでいる人がみな地名を名字をすると、名字本来の役割である「家と家を区別する」という機能が果たせなくなるからだ。

そこで、住んでいる地名を名乗ることができるのは、領主などその地で一番偉い人の一族だけというのが普通だった。しかも、名字のルーツとなる地名は大字や小字レベルの小さなものが多い。近年の自治体は合併によってかなり広範囲となっているうえ、本来の地名ではないものを名乗っている自治体も多いことから、自治体名と同じ名字が多数を占めることはないのだ。

かつては岡山県川上郡川上町でも町名と同じ川上が最多だったが、平成の大合併で高梁市に編入されて消滅した。それに対して、椎葉村は単独で村制を続けているため、今では自治体名と最多の名字が一致しているのは全国で椎葉村だけである。

しかも、旧川上町の川上が人口の8%だったのに対し、椎葉村の椎葉は人口の26%も占める圧倒的な最多である。さらに、川上は「川の上流の方」を指す方位由来の名字で、川上町がルーツとは言い難いのに対して、椎葉という名字は確実に椎葉村をルーツとしている。そして、椎葉村を中心と

して県境を越えた熊本県球磨地方にかけての地域に全国の半数以上が集中している。

◆宮崎県ならではの名字

◎岩切
日向国国富荘岩切（宮崎市）をルーツとする名字で、古代豪族日下部氏の子孫。土持氏に仕えていたが、戦国時代に主家が滅亡したために帰農した。現在も宮崎市付近に集中している。

◎興梠
高千穂地方に多く、ここではむしろメジャーな名字。県全体でも71位に入っており、県内に限れば珍しいとはいいがたい。振り仮名を振る際には「こおろぎ」と書く人と「こうろぎ」と書く人がいるが、どちらもルーツは同じ。「こうろぎ」と振る人の方が多い。「梠」とは家の庇や軒を表す言葉で、興梠とは軒の部分が上がった家を指すといわれている。

◎浜砂
全国の4分の3が宮崎県にある。鈴木七郎民部少輔惟継が米良為重から「浜砂」の名字を与えられたのが祖という。室町時代に創建された銀鏡神社の神官に浜砂氏がいた。現在は西都市と児湯郡西米良村を中心に児湯郡と宮崎郡に分布する。

◆宮崎県にルーツのある名字

◎上米良
全国の3分の2が宮崎県にあり、西都市と西米良村に集中している。日向国児湯郡上米良（西米良村上米良）がルーツ。なお、県境を越えた熊本県側では「勘米良」とも書く。

◎中武
菊池氏一族の甲斐氏の庶流。重房が高千穂の中武に住んで中武氏を称したのが祖で、のち米良氏の重臣となった。西米良村で村内の最多名字、西都市で第2位の名字となっているなど、宮崎市から児湯郡にかけて非常に多い。

◎新名
延岡市や日向市に多い。日向国臼杵郡新名（日向市）がルーツ。大分県や鹿児島県にもある。なお、香川県に集中している新名は「しんみょう」と読む。

Ⅰ　歴史の文化編　　43

◎温水（ぬくみず）

全国の6割以上が宮崎県にあり、その大半が都城市から小林市にかけて集中している。日向国諸県郡小林郷温水村（小林市）がルーツ。

◎真方（まがた）

全国の4割以上が宮崎県にあり、宮崎市、小林市、高原町に集中している。日向国諸県郡真方村（小林市真方）がルーツ。

◎柚木崎（ゆきざき）

日向国諸県郡柚木崎（東諸県郡高岡町）がルーツで、戦国時代の伊東氏の家臣に柚木崎氏が見える。本来は「ゆのきざき」と読んだ。現在も半数以上が宮崎県にあり、宮崎市や小林市に多い。

◆珍しい名字

◎五六（ふのぼり）

西都市にある五六は、日本を代表する難読名字の一つ。これで「ふのぼり」と読む。将棋の初手に五六歩と打つことがあり、歩が1マスのぼることから五六で「ふのぼり」になったのでは、といわれる。

◎砂糖・砂糖元（さとう・さともと）

日南市の砂糖は、かつて飫肥藩内で砂糖屋を営んでおり、藩主から砂糖という名字を賜った。また宮崎市や日南市にある砂糖元は、薩摩から脱藩した武士を助けたことからお礼にサトウキビを貰い、それをもとにサトウキビ栽培に成功したことから、藩主より砂糖元の名字を賜ったと伝えている。

◎重黒木（じゅうくろき）

延岡市の名字。延岡の土持氏に仕えていた黒木氏が、土持氏から褒美として名字の上に「重」を付けるようにいわれたものと伝える。

◎鷯野（ひばりの）

小林市の名字で「ひばりの」と読む。ヒバリは漢字では一般的に「雲雀」と書くが、1字で「鷯」とも書く。JIS第2水準までで表示できない漢字を使った名字としては、この名字の人がかなり多い。

〈難読名字クイズ解答〉

①あくね／②うちへほ／③おおでらおとし／④おこびら／⑤けどういん／⑥ここんの／⑦さともと／⑧しろみ／⑨はえお／⑩はやなり／⑪ふつはら／⑫ふのぼり／⑬まさる／⑭よしもと／⑮わたよう

II

食の文化編

米／雑穀

地域の歴史的特徴

　1871（明治4）年の廃藩置県によって美々津県と都城県の2県が置かれた。1873（明治6）年には美々津県と、都城県の一部が合併し、旧日向国の地域が宮崎県になった。県名の由来については、①ミヤは原野、サキは先端、つまり原野の先端という説、②宮のサキ（前）、つまり江田社の神前という説、の2説がある。

　ところが、宮崎県成立3年後の1876（明治9）年には鹿児島県に併合された。1877（明治10）年に西郷隆盛たちが起こした西南戦争終結後、鹿児島から分離独立する動きが起こり、1883（明治16）年に宮崎県が再置され、現在の県域になった。

コメの概況

　水稲の作付面積の全国順位は31位、収穫量は32位である。収穫量の多い市町村は、①都城市、②宮崎市、③えびの市、④西都市、⑤小林市、⑥延岡市、⑦日南市、⑧串間市、⑨川南町、⑩高千穂町の順である。県内におけるシェアは、都城市19.1％、宮崎市14.3％、えびの市7.7％、西都市6.8％などで、都城、宮崎両市で県内収穫量の3分の1を占めている。

　宮崎県における水稲の作付比率は、うるち米98.5％、もち米1.4％、醸造用米0.1％である。作付面積の全国シェアをみると、うるち米は1.2％で全国順位が島根県と並んで30位、もち米は0.4％で38位、醸造用米は0.1％で群馬県、埼玉県、千葉県、奈良県と並んで36位である。

　宮崎県南東部の日南市、串間市などは収穫時期の早い超早場米の生産地である。この地域は、超早場米と、通常の時期に収穫する普通米をほぼ半々の割合で生産している。超早場米は、県内で最も温暖で、冬も霜が降りない両市の沿岸部が中心である。3月下旬から田植えを行い、7月下旬には収穫、出荷が始まる。これによって、新米が早く出回るほか、台風の被害

を避けるという利点もある。普通米の田植えは6月上旬、収穫は10月である。

　陸稲の作付面積の全国順位は東京都、静岡県と並んで11位、収穫量は静岡県と並んで12位である。

知っておきたいコメの品種

うるち米

（必須銘柄）コシヒカリ、さきひかり、ヒノヒカリ、まいひかり
（選択銘柄）あきげしき、あきたこまち、おてんとそだち、きらり宮崎、黄金錦、つや姫、夏の笑み、にこまる、ひとめぼれ、ほほえみ、み系358、ミルキークイーン

　うるち米の作付面積を品種別にみると、「ヒノヒカリ」が最も多く全体の56.1％を占め、「コシヒカリ」（38.1％）、「おてんとそだち」（1.6％）が続いている。これら3品種が全体の95.8％を占めている。

- **ヒノヒカリ**　宮崎県が開発した品種である。収穫時期は10月頃である。水気でつぶれにくいため、丼物やカレーライスなどにも適している。霧島地区産「ヒノヒカリ」の食味ランキングは特Aだった年もあるが、2016（平成28）年産はAだった。西北山間地区産と沿岸地区産「ヒノヒカリ」もそれぞれAである。

- **コシヒカリ**　南部の日南市、串間市などでは超早場米コシヒカリを多く栽培している。3月頃田植えをし、7月～8月に収穫し、出荷される。秋の天候不順による日照不足や、台風による被害などを避けて収穫できるのが特徴である。沿岸地区産「コシヒカリ」の食味ランキングはA'である。

- **おてんとそだち**　宮崎県が「南海149号」と「北陸190号」を交配して2010（平成22）年に育成した。豊かな太陽の恵みをいっぱい浴びて育ったおいしいおコメであることをイメージして命名された。2011（平成23）年に品種登録された。

- **まいひかり**　宮崎県が「南海132号」と「かりの舞」を交配して2005（平成17）年に育成した。舞ってしまうほどおいしいという意味を込めて命名された。収穫時期は10月頃である。倒伏しにくい。

II　食の文化編　　47

もち米

（必須銘柄）朝紫

（選択銘柄）なし

　もち米の作付面積の品種別比率は「クスタマモチ」が最も多く全体の49.1％を占め、「いわともち」（21.3％）、「ヒヨクモチ」（7.9％）と続いている。この3品種で78.3％を占めている。

醸造用米

（必須銘柄）はなかぐら、山田錦

（選択銘柄）ちほのまい

　醸造用米の作付面積の品種別比率は、「山田錦」（52.2％）と「はなかぐら」（43.5％）が全体の95.7％を占めている。

- **はなかぐら**　宮崎県が「南海113号」と山田錦を交配して2000（平成12）年に育成した。宮崎県の風土に合った酒米である。

知っておきたい雑穀

❶小麦

　小麦の作付面積の全国順位は31位、収穫量は36位である。主産地は、県内作付面積の51.3％を占める新富町である。これに宮崎市、都城市などが続いている。

❷二条大麦

　二条大麦の作付面積、収穫量の全国順位はともに18位である。主産地は延岡市で、作付面積は県内の44.6％を占めている。これに続くのは宮崎市（10.7％）である。

❸はだか麦

　はだか麦の作付面積の全国順位は広島県と並んで18位である。収穫量の全国順位は19位である。栽培品種は「宮崎裸」などである。

❹ハトムギ

　ハトムギの作付面積の全国順位は14位である。収穫量が判明しないため収穫量の全国順位は不明である。ハトムギ茶などに使われる。

❺アワ

アワの作付面積の全国順位は9位である。収穫量が判明しないため収穫量の全国順位は不明である。近年の作付面積は0.3ha である。

❻キビ

キビの作付面積の全国順位は17位である。収穫量が判明しないため収穫量の全国順位は不明である。

❼ヒエ

ヒエの作付面積の全国順位は4位である。収穫量が判明しないため収穫量の全国順位は不明である。「庭の山椒の木　鳴る鈴かけて　ヨーオーホイ」で始まる宮崎県の民謡・ひえつき節は椎葉村が発祥の地である。ヒエをつく際に歌われた労作歌である。椎葉村尾八重地区には「ひえつき節発祥の地」の石碑が建てられている。

❽トウモロコシ（スイートコーン）

トウモロコシの作付面積の全国順位は10位、収穫量は9位である。主産地は西都市、川南町、宮崎市などである。

❾そば

そばの作付面積の全国順位は20位、収穫量は19位である。主産地は川南町、都農町、新富町などである。宮崎県では、従来、「鹿屋在来」と「みやざきおおつぶ」が「秋そば」として栽培されていた。ただ、両品種とも熟期が遅いため、県西部の標高の高い内陸盆地や県北部、中山間地域での栽培に適さなかった。このため、宮崎県は、成熟期が鹿屋在来より7日、みやざきおおつぶより9日早い「宮崎早生かおり」を開発、2010（平成22）年度に品種登録した。今では、作付面積の約7割が宮崎早生かおりである。

❿大豆

大豆の作付面積の全国順位は37位、収穫量は39位である。産地は都城市、三股町、西都市、国富町、宮崎市などである。栽培品種は「フクユタカ」「キヨミドリ」などである。

⓫小豆

小豆の作付面積の全国順位は三重県と並んで33位である。収穫量の全国順位は福井県と並んで34位である。主産地は椎葉村、延岡市、高千穂町、美郷町、日南市などである。

コメ・雑穀関連施設

- **杉安堰**（せき）（西都市、新富町）　干害などで苦しむ村民を見かねた児玉久衛門が私財を投げ売ってまでして完成させた全長20kmの用水路である。着工は1720（享保5）年、第1期工事の完成は1722（享保7）年である。杉安土地改良区は翁への感謝の気持ちから毎年11月に慰霊祭を行っている。疎水百選に選定。

- **松井用水路**（宮崎市）　江戸時代初期の1640（寛永17）年、飫肥藩（おび）清武郷の松井五郎兵衛が干ばつに困窮する農民を救済するため、私財を投げ打って清武川の井堰の建設と、用水路の開削に着手し、翌年完成させた。用水路の延長は11km、受益面積は220haである。井堰はその後、1934（昭和9）年にコンクリート堰に改築された。

- **岩熊頭首工**（延岡市）　江戸時代中期に延岡藩家老の藤江監物が、1724（享保9）年に郡奉行の江尻喜多右衛門に命じ、五ヶ瀬川河口から10kmの地点に築造した。1734（享保19）年に用水路を含めて完工後、受益地の恒富村（現延岡市）出北のコメの収穫量は5倍に増えた。頭首工は1933（昭和8）年と71（同46）年に大改修が完工している。

- **享保水路**（えびの市）　享保水路井堰は川内川上流に江戸時代中期の享保年間（1716～36）に築造された。享保水路の延長は6.8km、幅は平均2.1mで、途中5カ所にトンネルを設けた。飯野平野の水田150haを潤している。1850（嘉永3）年頃には、石積みの太鼓橋が完成し、橋流失の心配がなくなった。

- **上郷用水**（日南市）　大正時代、同市北郷町の上郷地区と郷之原地区は、広渡川に敷設した芝井堰から水を引いていたが、大雨のたびに流失した。「鬼の頭」とよばれる大岩にトンネルを掘る案も出されたが、その困難さを知っていた人たちは取り合わなかった。角利吉（つみりきち）が名乗り出て工事が始まったものの、十数人の作業員は遠ざかるようになり、最後は利吉一人で掘り、着工から2年余で116mのトンネルを貫通させた。今日、両地区の水田105haの貴重な水源である。

コメ・雑穀の特色ある料理

- **小林チョウザメずし**（小林市）　小林市は、日本で初めてシロチョウザ

メの人工種苗生産に成功した「チョウザメのふるさと」である。すしは、にぎりと、あぶって使うあぶりちらしがある。いずれも、上品で淡白な味わいの白身を使う。地域の名物料理である。

- **カツオめし**（沿岸部）　白ごまをいってすり鉢ですり、しょうゆを入れてカツオの刺し身を漬け込む。刺し身をごはんにのせ、たれと熱いお茶を注いでつくる。いりごまがカツオの匂いを消し、こおばしい香りが口に広がる。ワサビ、ネギ、もみのりなどを薬味に使う。カツオ船の中で、とれたてのカツオの刺し身を食べ、仕上げに残った刺し身をごはんに入れ、茶を注いでかき込んだのが起源という。

- **七とこずし**（都城地方）　すしといっても雑炊である。都城地方では1月7日に、子供の無事な成長を願って、数え年7歳の子どもが保護者とともに近隣の7軒の家を回って七草を炊き込んだ雑炊をもらうしきたりがあった。この日を「ななとこさん」の日といい、同日つくる雑炊が「七とこずし」である。他の土地の七草がゆとは意味合いが異なる。最近は神社などでおはらいをしてもらうことが多くなっている。

- **甘い赤飯**　コメともち米を2対1の割合で炊いて、炊きあがりに甘納豆を混ぜ合わせたコメ料理である。甘納豆でなく、小豆などの豆類と砂糖を加えることもある。農作業の合間に疲れをいやすおやつとして食べることが多い。

コメと伝統文化の例

- **御田祭**（美郷町）　美郷町西郷の田代神社の御田祭は、主祭神彦火々出見命の御神霊を上円野神社より迎えて、上の宮田から中の宮田への御神幸により行われる田植え祭で、1000年近い伝統があるとされる。古来から世襲制の家柄が中心となって祭事役を務め、豊作などを祈願する。開催日は毎年7月上旬の土曜、日曜。

- **川南のもぐらたたき**（川南町）　春の耕作期を前にモグラを追い払って五穀豊穣を祈る。川南町では100年以上続く各地区の伝統行事である。子どもたちが家々を訪ねて青竹にわらを巻いてつくった棒で地面をパンパンとたたいて回る。開催日は1月15日の小正月に合わせて地区ごとに決める。

- **牛越祭り**（えびの市）　地面から50cmの高さに設置した長さ4mの丸

Ⅱ　食の文化編　　51

太を子牛が飛び越える。豊作と、家畜の無病息災を願い、400年以上前から西川北地区に伝わる農耕文化と結び付いた行事である。菅原神社で行われ、例年約20頭の牛が参加する。開催日は毎年7月28日。

- **石山の花相撲**（都城市） 江戸時代の享保年間（1716～36）にため池の築堤を祝い、堤防の安全と五穀豊穣を願って、堤防を踏み固める意味で奉納したのが始まりである。数え年で7歳になる男児が無病息災を願って参加する。花相撲は、都城市高城町石山で催される高城観音池まつりの行事として開催される。高城観音池は江戸時代に定満池として築造されたかんがい用のため池である。開催日は毎年8月最終日曜日。

- **高千穂の夜神楽**（高千穂町） 各地域ごとに民家や公民館を神楽宿として33番の神楽を一晩かけて奉納する昔からの神事である。神楽は天照大神の岩戸開きの神話が主題になっているが、農耕の収穫を祈る舞もあり、五穀豊穣などを神に感謝する習俗は現在も継承されている。国の重要無形民俗文化財である。開催は毎年11月下旬～翌年2月。

こなもの

味噌だんご

地域の特色

　九州の南東部に位置する県で、東は太平洋の日向灘に臨み、宮崎平野が広がっている。北部・北西部は九州山地、南部は霧島火山群、南部は鰐塚山地である。霧島火山群の噴火による火山灰の被害を心配しなければならない地区もある。

　かつては、日向国であった。古代の建国神話の舞台（天照大神が支配していた国など）のあるところとして知られている。江戸時代には薩摩藩領と飫肥藩領などの小藩に分かれていた。土壌の質が農作物の栽培には向かなく、苦労した地域であったが、大正時代の末に工場誘致ができた。県庁所在地の宮崎市は、宮崎県の南部の大淀川河口の宮崎平野にある。その南部の海岸には青島がある。

　平地は海岸沿いにある宮崎平野だけである。黒潮の影響により気候は温暖である。冬にも晴天が続き、日照時間が長い。梅雨と台風の時期には、降雨量が多い。

食の歴史と文化

　宮崎県は、畜産と野菜の栽培が中心である。水はけのよい台地と長い日照時間は、果実栽培にも盛んである。とくに、ヒュウガナツやキンカンの特産品としても知られている。畜産関係では「宮崎牛」「宮崎地鶏」が知られているが、近年はインフルエンザやその他の伝染病による被害が目立っている。

　沖合いの豊後水道には、太平洋の黒潮が流れ込むので好漁場となっている。カツオ、マグロ、イワシ、マアジ、マサバなどの水揚げの多い漁港も多い。内水面では、ウナギ、アユ、コイなどの養殖が行われている。

　伝統野菜の日向カボチャは、煮物や「日の出南京」という蒸しものとして利用されることが多い。中国の粽に似た「あくまき」は、農家の保存食

Ⅱ　食の文化編　　53

として作られたものである。現在は端午の節句に作られる。灰汁に漬け込んだもち米を孟宗竹の皮に包んで炊き上げたものである。冷汁は宮崎県の郷土料理、長崎の郷土料理がある。宮崎の冷汁は、ご飯の上に、アジ・サバ・イワシなどのすり身と刺身を載せ、ゴマ・焼き味噌で作った汁をかけて食べる（長崎の冷汁には、魚は使わない）。

知っておきたい郷土料理

だんご・まんじゅう類

①ひらだこ

　小麦粉に塩を入れて練り、これにもち米の粉を加え、だんごにし、沸騰した湯に入れて湯がく。できあがったものは、黒砂糖をまぶす。夏の仕事の間食用として利用する。

②かんころだご

　サツマイモの粉に水で練り、手の握りの形がつくように握る。これを蒸す。間食に利用する。

③いもだんご

　生きり干しのサツマイモの粉（「いもん粉」）につなぎに小麦粉を加え、少量の食塩も加えて水と合わせて練る。この生地をだんごに丸めて蒸す。イモ餡を入れたものは「親子だご」という。

④こっぱだご

　サツマイモの切り干し（「こっぱ」）を粉にし、これに水を加えて練る。この生地を握って丸いだんごにして蒸す。ご飯を炊くときに、羽釜の内側に丸めてだんごを置いて、一緒に蒸す。ご飯の節約のために、このだんごを食べることもあった。

⑤とうきびだご

　間食に作る。トウキビ粉（トウモロコシ粉）に米粉か小麦粉をつなぎとして入れて水で捏ねてだんごの生地を作り、この生地で小豆餡や栗の餡、サツマイモの餡を包んで、サルトリイバラの葉の上にのせて蒸したもの。

⑥ぶちだこ

　うるち米を捏ねた生地は2つに分け、一つには何も入れず、もう一つにはヨモギを入れて緑色にしたもの。この2つの生地を組み合わせて、2色

のぶちの生地となるようにして餡を包み、蒸す。旧暦の2月1日に作る。

⑦こぶりだご

　春の彼岸に作るヨモギの入っただんご。小麦粉、もち米で作っただんごの生地で餡を包み、黄な粉を敷いた浅い木の箱（もろぶた）に並べる。ヨモギのほかに、ヨオメナ、ゴボウの葉を使うこともある。

⑧ソーダだこ

　小麦粉に水溶き重曹を加え、黒砂糖と水を入れて捏ねた生地を蒸しただんご。

⑨ふくれ菓子

　小麦粉に重曹を入れ、刻んだ黒糖か白砂糖を加えて、軟らかい生地に仕上げ、これを蒸したもの。田植えの時に作るか、夏の間食用として作る。

⑩あくまき（灰汁巻き）

　宮崎や鹿児島の農家では、端午の節句に作る。灰汁につけたもち米を孟宗竹の皮に包み、灰汁（あく）の中で炊き上げたもの。黄色い飴状になり、特有の香りがある。食べやすい大きさに糸で輪に切り、醤油、黒砂糖、黄な粉をつけて食べる。

⑪鯨ようかん

　宮崎県・佐土原に古くから伝わる郷土の菓子。鯨のように大きくたくましく育って欲しいという願いから作った菓子。蒸した米粉を小豆餡で挟み、鯨にみたててつくる。餅菓子の感覚がある。

⑫皇賀玉饅頭

　延岡市の古くからの歴史に因んで名づけた饅頭。オガタマの鈴状の実が饅頭の表面にのっている。オガタマ（皇賀玉）はモクレン科に属する木で、神社の境内に植えられている。天照大神が、天岩戸に身を隠したときに、アメノウズミノミコトがオガタマを手に持って舞ったという伝説がある。

お焼き・焼きおやつ・お好み焼き・たこ焼き類

①味噌だこ

　小麦粉に水を加え、さらに、刻んだニラ、砕いたイリコ（煮干し）、少量の砂糖を加えて軟らかい生地に練り上げる。これを油をしいた鉄鍋で焼く。弁当のおかずに用意する。

Ⅱ　食の文化編　　55

麺類の特色　讃岐うどんに比べると、食感がやわらかい。細めんが多い。だしは、昆布、サバ節、鰹節でとり、淡口醤油を使う。

めんの郷土料理

①山かけうどん

　めんつゆにヤマイモを加えた釜揚げうどんで、ヤマイモが麺にからみやすいように、摺ったヤマイモはだしと卵を一緒にかき混ぜ、つゆに加えてある。

②釜揚げうどん

　うどんは軟らかく茹でる。つけ汁淡口醤油と味醂のみの甘めで、温めて供する。薬味は青ネギと小粒の揚げ玉。

③ゆであげだこ汁

　幅の広い手打ちうどんは、ネギ、シイタケ、鶏肉の入った汁をかけて食べる。お祝いの時に作る。

▶ 完熟キンカンのブランド「たまたま」

くだもの

地勢と気候

　県の北西部を走る九州山地から、豊富な水が多くの川となって日向灘に流れている。海岸線の長さは397 kmで、中央から南部にかけて日南海岸が続いている。広い平地としては、宮崎平野と都城盆地がある。

　気候は温暖で、平均気温が高い。1981〜2010年の宮崎市の年平均気温は17.4℃で、全国3位だった。山間部以外は、冬も積雪がほとんどみられない。日照時間は長く、1981〜2010年の宮崎市の平均年間日照時間は2,116時間で、全国3位だった。

知っておきたい果物

キンカン　キンカンの全国シェアは栽培面積で54.7％、収穫量で68.7％に及び、ともに全国一である。宮崎を代表する果物である。温室ハウスで栽培し、実を大きくするために残す果実を選び、実を木につけたまま樹上で熟成させる「完熟キンカン」が中心である。

　このうち、糖度16度以上、直径2.8 cm以上のものを「完熟金柑たまたま」、糖度18度以上、直径3.2 cm以上のものを「たまたまエクセレント」として出荷している。

　主産地は宮崎市、日南市、串間市、小林市、えびの市、日向市、西都市、綾町、高千穂町、美郷町、日之影町などである。出荷時期は11月上旬〜3月下旬頃である。

ヒュウガナツ　宮崎県はヒュウガナツ（日向夏）の栽培面積で51.7％、収穫量で58.6％を占めており、ともに全国1位である。

　ヒュウガナツは宮崎県原産の特産カンキツである。文政年間の1820年頃、宮崎市赤江の真方安太郎宅の庭先で発見された1本の木がルーツである。ヒュウガナツは種が多かったが、宮崎県では、ハウス栽培による種なしや種の少ない果実づくりに成功した。

主産地は日南市、宮崎市、串間市、日向市、綾町などである。出荷時期は、ハウスものが11月上旬～3月中旬頃まで、露地ものが3月～5月下旬頃までである。

日南市の「少核系日向夏」は、種を少なくするために特殊なアマナツの花粉を人工授粉するなど手間をかけて栽培している。

マンゴー

マンゴーの全国シェアは栽培面積で21.9%、収穫量で33.8%を占め、ともに沖縄県に次いで2位である。マンゴーが木から十分に栄養を受け取り、それ以上は吸収しきれなくなって自然落下するものをネット袋で受け止めて「みやざき完熟マンゴー」として出荷している。

このうち、糖度15度以上、1果350g以上といった基準を満たすものを「太陽のタマゴ」のブランドで出荷している。

主産地は西都市、宮崎市、日南市、串間市、小林市、綾町などである。出荷時期は2月中旬～7月下旬頃である。

パパイア

パパイアの栽培面積の全国順位は3位、収穫量は2位である。主産地は宮崎市などである。

ヘベス

ヘベスは宮崎原産の香酸かんきつで、木酢の一種である。平兵衛酢、ヘイベイスともいう。種がほとんどなく、皮が薄いため、絞りやすい。農林統計によると、ヘベスの生産地は宮崎県だけである。日向市の特産で、門川町、日南市などでも栽培している。

江戸時代に日向の長曽我部平兵衛宅で栽培されたのが始まりである。宮崎特産である。出荷時期は、ハウスものが5月末～7月末、露地ものが8月上旬～10月下旬頃である。

ポンカン

ポンカンの栽培面積の全国順位は8位、収穫量は5位である。主産地は日南市、宮崎市、串間市などである。

ユズ

ユズの栽培面積の全国順位は4位、収穫量は5位である。主産地は西都市、小林市、西米良村、日之影町などである。出荷時期は8月～12月頃である。

クリ

クリの栽培面積の全国順位は4位、収穫量は6位である。主産地は日之影町、小林市、美郷町などである。出荷時期は8月中旬～10月中旬頃である。

「みやざきびっ栗」は2L以上の大玉である。低温流通で鮮度を保った

まま消費地に届けている。面積の92％を森林が占める日之影町はクリの栽培が盛んである。同町のクリは「高千穂ひのかげくり」として出荷され、「クリのダイヤモンド」ともいわれるとか。美郷町山間部で育つクリは、地名を冠して「西郷栗」として出荷される。

イチゴ　イチゴの作付面積の全国順位は19位、収穫量は14位である。主産地は宮崎市、川南町、都城市、えびの市、小林市、椎葉村などである。出荷時期は11月下旬～4月下旬頃である。

えびの市では、ハウスで育て、えびの高原にからめて「高原イチゴさがほのか」として出荷している。椎葉村では夏秋イチゴを「みやざきなつはるか」としてケーキの材料向けなどに出荷している。

ウメ　ウメの栽培面積の全国順位は25位、収穫量は16位である。主産地は都農町、美郷町、日之影町などである。

美郷町南郷区水清谷の標高600～700mのあたりでは「南高」を栽培している。生のウメだけでなく、漬け込んだ梅干しも生産、販売している。

ミカン　ミカンの栽培面積、収穫量の全国順位はともに17位である。主産地は日南市、宮崎市、日向市などである。

極早生ミカンの「マルチ日南1号」は、土壌の水分をマルチシートを敷いて調整し、栽培している。極早生ミカンの出荷時期は9月上旬～10月中旬頃である。

ブドウ　ブドウの栽培面積の全国順位は22位、収穫量は19位である。栽培品種は赤系の「サニールージュ」とグリーン系の「ハニービーナス」が中心である。主産地は都農町、小林市、川南町などである。出荷時期は6月中旬～9月中旬頃である。

ブルーベリー　ブルーベリーの栽培面積の全国順位は33位、収穫量は23位である。主産地は宮崎市、都城市、西都市などである。

桃　桃の栽培面積の全国順位は島根県と並んで36位である。収穫量の全国順位は42位である。主産地は延岡市、都農町などである。

カキ　カキの栽培面積の全国順位は36位、収穫量は38位である。主産地は国富町、延岡市、都農町、宮崎市などである。

日本ナシ　日本ナシの栽培面積、収穫量の全国順位はともに39位である。主産地は小林市、都農町、川南町などである。

Ⅱ　食の文化編　　59

メロン

メロンは小林市、宮崎市、川南町、都農町などで生産されている。

「JAこばやし」でつくられる「アールスメロン」のうち糖度14度以上といった基準に達したものを「めろめろメロン」とよんでいる。「みやざきブランド」として認証を受けている「みやざき温室光センサーメロン」の愛称である。近赤外線を照射してメロン内部の糖度や熟度を測定し、品質を1個ずつ管理している。「アールスメロン」の出荷時期は10月下旬～8月上旬頃である。11月にJAこばやしが大阪で試食宣伝会を開いている。

ナンプウ

漢字では南風と書く。農林統計によると、ナンプウの主な生産地は宮崎県だけである。栽培面積は0.8ha、収穫量は17.0トンである。主産地は宮崎市などである。

ナンコウ

漢字では南香と書く。ナンコウの栽培面積の全国順位、収穫量の全国順位はともに1位である。占有率は栽培面積で66.7％、収穫量で89.8％である。主産地は新富町、宮崎市、木城町などである。

ノバ

農林統計によると、主な生産地は宮崎県だけである。栽培面積は0.6ha、収穫量は15.0トンである。主産地は宮崎市などである。

すずっこ

尾鈴山を望むJA尾鈴の管内である川南町と都農町の特産は「すずっこ」である。「すずっこ」は、温州ミカンにオレンジを交配して育成されたかんきつで、普通のミカンより一回り大きい。

地元が提案する食べ方の例

完熟きんかんとさつま芋のもちもちガネ（JA宮崎経済連）

おやつ向きの菓子。きんかんは種を取り除き、細かく切る。サツマ芋は細い棒状に切り、水であくを抜く。2つを混ぜ合わせ、低温でゆっくり揚げる。

日向夏と生ハムの押し寿司（JA宮崎経済連）

名前のとおりヒュウガナツと生ハムを挟んだ押しずし。押しずしの型がなければ牛乳パックにラップを敷いて代用できる。切り分けて、イクラやネギなどを飾る。

マンゴーのクリームチーズ白和え（JA宮崎経済連）

水切りした豆腐と、擂ったクリームチーズに砂糖、塩を混ぜた後、5

mm角に切ったマンゴーを入れる。クラッカーに半分に切った生ハムをのせ白あえを置く。

パパイア生春巻き（JA宮崎経済連）

皮をむいて細長く切ったパパイア、千切りにしたキュウリ、ハムを水で戻したライスペーパーにのせ、巻く。食べやすい大きさに切って皿に盛り、ごまドレッシングをかける。

へべすのサンラータン風（JA宮崎経済連）

鍋に水、鶏がらスープの素を入れ沸騰したら、鶏ささみ、干しシイタケ、干しキクラゲ、長ネギ、乾燥春雨を加える。片栗粉でとろみをつけ、へべス果汁などを加える。

消費者向け取り組み

● 上千野観光体験果樹園　上千野果樹生産組合、串間市

魚　食

地域の特性

　宮崎県の東岸は日向灘に面し、沖合は豊後水道から流れ込む海流と黒潮とが混ざりあい、好漁場となっている。日向灘に面する現在の日南市には遠洋漁業の基地の油津がある。宮崎平野には大淀川・一ツ瀬川の流域があり、これらが日向灘に流入していることも日向灘を好漁場にしている。沿岸を黒潮が流れているので気候は温暖で、冬も晴天が多い。

魚食の歴史と文化

　高千穂の天孫降臨の伝説など古代の日本建国の舞台として知られているように、歴史のある地域である。江戸時代には、薩摩藩領と飫肥藩領に分かれていて、各藩は産業開発に努めたが、交通の不便から開発は遅れ、大正時代になり、農業と畜産業中心の開発が進んだ。農業ではかんきつ類の栽培で成功し、畜産業では養鶏や牛や豚の生産で成功している。種牛としての「宮崎牛」は全国的に知られ、「宮崎地鶏」も宮崎の特産となっている。

　宮崎の代表的郷土料理の「冷汁」は、汁ものを冷やした夏向きの郷土料理である。長崎県でも好まれている料理である。藩政時代に日向農民の生活は貧しく、主食は、麦・ヒエ・アワなどの穀類が主体であった。冷汁が登場してきたのは室町時代といわれている。1500年頃の四条流包丁書には、「鳥とろろといふこと冷汁なり、鳥を炙り細末にして、たれ味噌あおかえし鳥をいれ出すなり、鯛とろろといふもの鯛の肉を炙り、鳥とろろの如く調ふなり、これ冷汁なり」とある。現在の郷土料理は、マアジ・マサバ・マイワシなどを使ったもので、刺身なども加えた豪華なものになっている。漁獲される魚類は、太平洋の黒潮とともに回遊してくるカツオ・マグロ・マサバ・トビウオが多いため、現在の魚食文化は、赤身魚の文化圏（太平洋食文化圏）に属するといわれている。

知っておきたい伝統食品・郷土料理

地域の魚　延縄漁でのマグロの漁獲量は、宮崎県は日本一である。その他に、マイワシ・マアジ・マサバ・ブリ（ハマチ）・シイラ・トビウオ・ヒラメ・ニベ・イセエビなどの水揚げ量は多い。入り江の多い北部と南部の沿岸ではブリ（ハマチ）・シマアジ・ニベなどの養殖や畜養が行われている。内水面ではウナギ・アユ・コイの養殖が行われている。

伝統食品・郷土料理

①すし類
- あゆずし　延岡名物のアユの姿ずし。
- つくら姿ずし　ツクラ（ボラの子）を腹開きし、これで握ったすし飯を包む。
- サバとアジのすし　サバとアジの押しずしは周年つくる。漁村の代表的な家庭料理である。

②メヒカリ料理
- メヒカリ料理の種類　最初のメヒカリ（アオメエソ）の漁獲と利用は、福島県いわき市であったが、各地で水産物の開発を行っているうちに、各地にメヒカリ料理が誕生した。宮崎県は福島県から離れているが、メヒカリの漁獲と利用を福島県についで力を入れている。刺身、から揚げが主な食べ方である。
- メヒカリ御膳　7〜10月に獲れるメヒカリ料理。名物料理となっている。から揚げ、塩焼き、佃煮などのメヒカリづくしの料理である。

③マダイ料理
- 刺身と茶漬け　日向で漁獲されたマダイは、一尾のうち7割は刺身で賞味し、残りはたい茶漬けにする。お茶は番茶を使い、タイの味を生かす茶漬けとする。

④ウニ料理
　ウニの可食部は生殖巣（腺）である。一般に「海栗」の字が当てられているときは、棘の生えたままの自然のウニのことであり、「雲丹」と書く場合には生殖巣から作った食品をさす。産卵期直後は生殖巣はやせて小さくなるか消えるので食用にはならない。栄養成分としてはレチノール（ビ

Ⅱ　食の文化編　　**63**

タミン A として効果をもつ）、ビタミン B 群が豊富に含んでいるのでビタミン給源としても期待される。うま味成分には核酸関連物質よりもアミノ酸量が多いのが特徴である。生食（ワサビ醤油で）。その他にウニ焼き。

- **瓶詰め**　宮崎のウニ（ムラサキウニなど）は大きく、瓶詰めに適している。

⑤**イワシ料理**

- **ソバ団子**　骨つきの身肉をつぶして、小麦粉 1、ソバ粉 4 の割合で水を加えて練ったのと、イワシのすり身を合わせ、薄塩で味をつけ、これを煮立てた野菜汁の中へ落とす。薬味は、刻みネギ、おろししょうが、ユズコショウ（九州特産のもの）を使う。

⑥**川魚料理**

- **ヤマメ**　夏の五ヶ瀬川の上流でとれた卵を持ったヤマメの塩焼き。
- **落ちアユ**　秋の落ちアユ（体長30cm 以上）の塩焼き。
- **ボラ**　11 月下旬に五ヶ瀬川の河口で獲れるボラの「洗い」を酢味噌で賞味。

⑦**冷や汁**

　マアジ・マサバ・マイワシなどの鮮魚の一部は焼いてすり潰し、残りは刺身にしておく。出来上がった魚のそぼろ（すり潰したもの）にニンニク・ニラ・ゴマ・焼き味噌で濃い目に汁を作り、麦飯または米飯の上に刺身を並べる。アオジソ・キュウリ・ミョウガ・ショウガ・もみ海苔の薬味をのせ、その上に汁をかけ、サラサラと食べる。発祥の由来は忙しい時期の農民の食べ物であったが、現在のものはスタミナ料理となっている。

⑧**ぼったり汁**

　汁の中にマアジのすり身を落として作る。海岸地方での素朴な味わいのある汁である。

⑨**飫肥天**

　日南市飫肥地方に伝わるさつま揚げ。魚肉と豆腐を材料としたさつま揚げ。惣菜にも酒の肴にもよい。

⑩**カツオ料理**

- **かつお茶漬け**　カツオの醤油煮をご飯にのせ、番茶をかけて食べる。
- **たたき**　3 〜 6 月頃に漁獲されるカツオを使った「たたき」。宮崎県南地域の漁村料理。

⑪その他

● 宮崎の春の魚介類　トビウオ・サワラ・イセエビ・アサヒガニが美味しくなる。伊勢ヶ浜のハマグリは形が大きく、味がよいので知られている。マグロ・マイワシ・マサバ・ブリなども水揚げされ、一般的な食べ方で賞味する。紅藻類のムカデノリ（キリンサイ）の味噌漬けはひんやりした舌触りに磯の香りがただよう。

● サワラ料理　サワラは全長１mにも達し、サバ科に属する。沿岸の汚れた水域を好む。関東では寒サワラは脂がのって美味しいとの評判であるが、関西ではサワラの国字「鰆」が示すように 旁 に「春」がつけられているように春が食べ頃である。昔は、卵巣は「からすみ」の原料として使われた。脂ののったサワラは刺身が美味しいとの評判であるが、生息地が汚れた水域なので、細菌汚染の影響を避けるため生食しないほうがよい。刺身や粕漬けにする。

● アサヒガニ（旭蟹）　別名ベニガニ、ショウジョウガニ（猩々蟹）ともいわれる。甲長12cm、甲幅９cmくらいのカニで、横に歩かないで後ずさりをして移動する。小さい割合には身肉が豊富に存在し、美味しい。食べ方は毛ガニやズワイガニと同じである。

Ⅱ　食の文化編　　65

鳥の丸焼き

▼宮崎市の1世帯当たりの食肉購入量の変化 (g)

年度	生鮮肉	牛肉	豚肉	鶏肉	その他の肉
2001	44,760	10,292	14,496	16,529	1,567
2006	44,232	7,226	16,675	15,108	2,196
2011	48,491	7,486	17,774	18,586	2,313

　宮崎県の北部から西部にかけての九州山地は霧島火山につながる。南部は日向灘に面して宮崎平野が広がる。気候は温暖で家畜の飼育に適していることが、宮崎県はウシ・ブタ・鶏の飼育に適していることから、日本の家畜・家禽の飼養の盛んな地域となった。冬には渡り鳥が飛来する。全国の銘柄牛のルーツはほとんどが宮崎牛である。宮崎牛が各地区で、特色ある肥育をされ、子孫を残し、その地区の銘柄牛となっている。

　宮崎県は、日本全国でも畜産業の盛んな県である。現在では繁殖用の黒毛和牛の保有と子牛（素牛）の生産として重要な県となっている。養豚業は、自然と密着し、優秀なブタに飼育に取り組んでいる。宮崎県の鶏は飼育だけでなく、炭火の焼き鳥は全国各地に広まっている。代表的な銘柄家畜には「宮崎牛」「はまゆうポーク」「宮崎地鶏」がある。

　「家計調査」では、2011年度の宮崎市の1世帯当たりの生鮮肉、牛肉、豚肉、鶏肉の購入量は、2006年度のそれらより多くなっている。これまでみてきた宮崎県以外の都市では2011年度の購入量が減少しているのは、2010年の感染症の流行によると考えた。しかし、感染症のために家畜・家禽まで埋めてしまわなければならないという悲しい処理にもかかわらず、宮崎県の生鮮肉をはじめ各々の肉の購入量は2006年度より多い。

　宮崎県の食肉の購入量は、生鮮肉、牛肉、豚肉、鶏肉については2001年度＜2006年度＜2011年度となっている。2010年には口蹄病の発症による生牛を埋没するという衝撃的問題が発生したが、県民が一体となってショックから立ち上がるべく努力したために、2011年度の食肉の購入量が増えたと考えられる。

凡例　生鮮肉、牛肉、豚肉、鶏肉の購入量の出所は総理府発行の「家計調査」による

生鮮肉の購入量に対する牛肉購入量の割合を考察すると、年々減少している。生鮮肉に対する鶏肉購入量の割合は34.2〜38.3%、豚肉購入量の割合は32.4〜37.6%で、九州内の他の県とほぼ同じような傾向であるので、2011年度の牛肉購入量の割合の15.4%は、2010年の家畜・家禽の感染症の発症とは関係がないと考えられる。

知っておきたい牛肉と郷土料理

銘柄牛の種類

❶宮崎牛

宮崎県はウシの生産が盛んで、宮崎県のウシの飼育に問題が発生すれば、全国に影響を及ぼすほど重要な県である。宮崎県では1971（昭和46）年から、素牛を宮崎県内でそのまま肥育し、食肉処理までするシステムを構築し、1986（昭和61）年からは一定の基準を満たした牛肉を生産する「宮崎牛」という黒毛和種の銘柄牛が完成した。宮崎県内で生産肥育した黒毛和種の枝肉の肉質等級が、（公社）日本食肉格付協会の格付基準で、A、B、Cの5、4のみが宮崎牛である。その他宮崎産銘柄牛には高千穂牛、宮崎和牛、都城牛がある。

宮崎産の銘柄牛は自然環境のもとで、のびのびと育てられている。肉質は、細かいサシの入った霜降りで、豊潤なうま味がある。

お薦め料理は、天然塩で淡く味付けした炭火焼きが本来の持ち味を賞味できる料理である。ステーキ、すき焼き、しゃぶしゃぶにも適しているが、シンプルな料理が最も美味しさを知る食べ方である。

❷宮崎ハーブ牛

ホルスタイン種の宮崎ハーブ牛と、黒毛和種（♂）とホルスタイン種（♀）の交配した宮崎〈交雑種〉がある。いずれも4種類のハーブとビタミンEを強化した飼料を与えて飼育している。

牛肉料理

宮崎県内の黒毛和種の料理を提供する店は、ステーキ、鉄板焼き、炭火焼を進めている。

● **宮崎の牛のセンマイ（胃）料理の店**　宮崎県内にはウシの内臓のセンマイ料理を提供する店は多い。刺身、スープ、酢味噌和え、焼き鳥、煮つけなど様々な料理がある。胃だけを提供するのではなく、腸、肝臓（レ

バー）などの料理も提供している。

知っておきたい豚肉と郷土料理

銘柄豚の種類

❶宮崎ハマユウポーク

　宮崎のハマユウ系統をベースに20年の歳月をかけて開発した銘柄豚。肉質は、赤身が多く、きめ細かく、豊かな風味を持ち、やわらかい食感である。枝肉の肉質は、（公社）日本食肉格付協会の基準の「中」以上の等級のものである。

　お薦め料理はしゃぶしゃぶである。ソテーや鍋物も美味しく食べられる。

❷かんしょ豚

　かんしょ（サツマイモ）の粉末を混ぜた飼料を与えて飼育したブタ。肉質の栄養成分としてビタミンEや、必須アミノ酸のリジンを多く含むのが特徴。

❸高原豚

　霧島連山の大自然のえびの高原で飼育している銘柄豚に「えびの高原豚」「えびの産黒豚」などがあり、精肉として流通しているだけでなく、ハム・ソーセージなどの加工品としても流通している。

❹霧島黒豚

　霧島の大自然の中で肥育されたバークシャー種である。黒豚のロースかつの食感はほかの種類のものとは違った美味しさがある。

❺その他の銘柄豚（尾鈴豚、観音池ポーク、飛鳥黒豚、高千穂、はざまのきなこ豚、わかめ豚）

　わかめ豚は宮崎県南那賀郡北郷町の昼間と夜間の温度差の大きい山中で、美味しい空気と弱アルカリ性の湧き水も与えながら飼育している健康なブタ。肉の脂質の脂肪酸として常温では流体のリノール酸、リノレン酸を多く含み、軟らかい肉質である。いずれの銘柄豚も、自然環境豊かな地域でストレスを受けないで飼育されている。

知っておきたい鶏肉と郷土料理

❶みやざき地頭鶏

120～150日と長い日数を飼育する地鶏。宮崎県および鹿児島県の霧島山麓で古くから飼育されている在来種。江戸時代に、この鶏を飼育していた農家の人たちが、旧島津藩の「藩城主」の地頭職に献上したことから「地頭鶏」の名がついたと伝えられている。地頭鶏は1943（昭和18）年に文部省から天然記念物に指定されている。1985（昭和60）年に宮崎県畜産試験場川南支場が、地頭鶏を原種鶏として「みやざき地頭鶏」を開発した。肉質は弾力があって軟らかく、ジューシーで食べやすいと評価されている。

お薦め料理は、炭火でころがして焼く平焼きで、この料理法は、宮崎の地鶏「じとっこ」として展開している宮崎の地鶏の店の定番料理となっている。この鶏の販売は、1羽売りが基本的な販売単位となっている。

❷はまゆうどり

JA関連の宮崎くみあいチキンフーズは、「はまゆうどり」などの銘柄鶏を生産している。

❸その他の銘柄鶏

エビス商事が生産している高原ハーブ鶏、霧島鶏。高原ハーブ鶏は乳酸菌やハーブを混合した飼料で、霧島鶏は飼育日数を長くした鶏である。桜姫は日本ハムグループが開発したホワイトコーニッシュ（♂）とホワイトロック（♀）の交配種。宮崎森林鶏は約30種類の照葉樹から抽出した森林酢を混合した飼料で飼育した銘柄鶏である。

鶏肉料理

- **チキン南蛮**　宮崎県はチキン南蛮の発祥の地。鶏のから揚げを黒酢に漬けこみチキン南蛮をつくり、これにタルタルソースをかけて食べる。家庭料理ともなっている。
- **にわとりの丸焼き**　1羽丸ごと焼き、醤油・みりんで調味したもの。野鳥の丸焼きを参考にした料理である。

知っておきたいその他の肉と郷土料理・ジビエ料理

宮崎県も野生の鳥獣類の被害に対する対策を検討している、一方でイヌ

ワシなど生息数が少なくなっている鳥や哺乳類の保護についても検討している。ジビエの料理は、完全に有害鳥獣類の被害から守る方法も検討している。ジビエ料理を提供するフランス料理やイタリア料理の店は10軒以上存在している。

　「綾の里」という料理屋で、冬には主人と仲間の猟師が捕獲したイノシシ、シカの料理（鍋、網焼きなど）を提供してくれる。水曜日は定休日なので、サービスはない。

- **みやざき霧島山麓雉**　霧島連峰ではキジが飼育されている。キジの肉は高タンパク質、低カロリーで、コクがあることから刺身やたたきの生食、加熱料理（熱を通し過ぎない程度に焼く）で提供する店がある。自然に近い状態で8か月の間飼育したキジを用意している。

- **イノシシ料理**　南九州の山地はイノシシがよく獲れ、いろいろな料理に活用されていた。イノシシの猟期は11月半ばから2月半ばまで。イノシシの肉は脂が強いので料理する時は一度さっと湯がいて脂肪分を抜くと淡白な味わいになる。イノシシの肉が"臭い"といわれるが、食べている餌にもよるが、一般的には捌き方、特に血抜きの良し悪しによるところが大きい。この地方の猟師が作るシシ鍋はシンプルで、シシ肉と大根、そして塩のみ。肉以外に胃袋やタンといった臓物類も、焼肉や鍋、うま煮、吸い物にして食べる。

- **イノシシのつと巻き**　イノシシの肉の保存方法。毛や皮の付いたままのイノシシの肉の表面に塩をすり込み、むしろに巻き、日の当たらない北側の軒下につるして保存食とした。冬の間、必要な量を切り取って料理をして食べた。また、高千穂の紫蘇の千枚漬けのように、県内の各地でいろいろな食品が各家庭自家製の味噌漬けにされたのと同様に、イノシシの肉も味噌漬けにして保存食とした。

▼宮崎市 1 世帯当たり年間鶏肉・鶏卵購入量

種 類	生鮮肉 (g)	鶏肉 (g)	やきとり (円)	鶏卵 (g)
2000 年	38,485	14,208	1,313	27,436
2005 年	42,524	15,763	1,787	28,746
2010 年	53,755	20,130	1,667	30,289

　宮崎県は、全国でも上位の畜産県である。したがって、牛の感染症が現れても、豚の感染症が現れても、さらに鳥インフルエンザが明らかになっても、発症しないための予防や抑制の対応を常に心がけていなければならない。牛では「宮崎牛」、豚では「はまゆうポーク」、地鶏では「宮崎地鶏」は有名である。宮崎県の畜産試験場は、繁殖のための純系の動物を保持しているので、それらの安全な飼育だけでも大変な仕事である。

　地元産の鶏はブロイラー、海部どり、霧島どり、サラダチキン、高千穂どり、日南どり、日向赤鶏、日向どり、みやざき地鶏、宮明の赤どり、高原ハーブどり、大阿蘇どり、宮崎都味どり、はまゆうどり、宮崎産森林どり、みやざき地頭鶏など種類が多い。

　2000年、2005年、2010年の宮崎市の1世帯当たりの鶏肉・生鮮肉の購入量は、全国の県庁所在地の中で一番多い。宮崎のやきとりは、網焼きや南蛮液に浸漬しておいた肉を焼くので、やきとりのカテゴリーでは評価ができない。

　鶏肉の購入量は全国一であるが、鶏卵の購入量はそれほど多くない。

知っておきたい鶏肉、卵を使った料理

- **チキン南蛮**　やや大ぶりの鶏のから揚げを、醤油ベースの甘酢に浸した鶏料理。もともとは醤油味だったが、洋食屋の主人がタルタルソースを提案し今の形に。チキン南蛮を巻寿司にした"南蛮たる巻き"もある。酢飯と甘酢のチキンとタルタルソース、そして海苔がよく合う。九州のファミリーレストランでは、鶏のから揚げとともに、チキン南蛮や大分

のとり天も定番メニューにもなっているので、食べることができる。

- **もも焼き**　ご当地グルメ。地鶏に限らず宮崎の"もも焼き"は骨付きのもも肉を使う。炭火で焼くので鶏の脂が炭の上に落ちて煙が立つので、肉には強い炭の香りと黒い色が付く。骨を持ってかぶりつくが、食べやすいように包丁が入れてある。骨から外して角切りにした"ばらし"でも焼いてもらえる。味付けの基本は塩ベースだが、味噌やチーズなど発展している。スーパーや売店でパック入りが売られている。

- **鶏刺し**　新鮮で美味しい鶏が手に入るので昔から鶏を刺身で食べていた。ささ身などの肉だけでなく、レバーや砂肝、ハツが使われる。スーパーでも単品の"鶏刺し"や盛り合わせが販売されている。九州独特の甘い醤油でいただく。鹿児島県も鶏を入手しやすいので"鶏刺し"の食文化がある。

- **鶏わさ、鶏のたたき**　新鮮な鶏肉をさっと湯がいて表面だけ加熱して冷水で締め、食べやすい厚みにスライスしていただく鶏料理。"たたき"は表面をさっとあぶった鶏肉をスライスした鶏料理。醤油もいいが柚子コショウが美味しい。鹿児島県でも食される。

- **厚焼き玉子**　日南市の伝統料理。1689（元禄2）年から伝わる玉子焼き。卵を混ぜる時に泡立てないようにして上下から加熱する特殊製法。きめが細かくつるりとした少し固めのプリンのような食感。冷たく冷やして食べても美味しい。飫肥の間瀬田厚焼本家が作る。

- **スタミナエッグ**　惣菜。茹でて殻をむいた南九州産の卵を、醤油と黒酢て煮たほど良い酢が美味しい卵。使っている酢は鹿児島県福山の黒酢。ゆで卵の表面も少し黒っぽい。そのままでも美味しいが、サラダ、ラーメン、お弁当にも合う。岡崎鶏卵が作る。

- **宮崎の親子丼**　宮崎の親子丼は、鶏肉と玉ねぎだけでなく、人参、大根、干し椎茸を、干し椎茸の戻し汁で煮て卵でとじて丼に盛ったご飯の上に載せる。

- **都城の雑煮**　都城の正月の雑煮の具には、鶉の卵が使われる。だしはあご（飛魚）でとったすまし汁で、お餅は焼いた丸餅、具は他にかしわ、かまぼこ、焼き豆腐、里芋、椎茸が入る。

- **かしわめし**　都城の郷土料理をアレンジした評判の駅弁で、せとやま弁当が作る。しょうゆ味の特製の鶏がらスープで炊いたご飯の中央に鮮や

かな黄色の錦糸玉子を敷き、手前に甘辛く煮た鶏のむね肉のスライスが載り、奥にはきざみ海苔が飾り付けられる。錦糸玉子の上のグリーンピースと梅干が彩りを添える。1955（昭和30）年の発売以来一番の人気を誇る。

卵を使った菓子

- **焼酎けーき霧島**　明治34年創業の都城の郷土菓子処南香が作るスポンジケーキ。地元都城の霧島酒造で熟成された最高級の本格芋焼酎「霧島」と卵をたっぷり使った美味しいバターケーキと合わせた洋菓子で、封を開けると焼酎の芳醇な上品な香りが漂う。

地　鶏

- **飛来幸地鶏**（ひらこじどり）　名古屋コーチン。雌のみを放し飼いで12カ月間長期飼育する。独自配合飼料と旬の野菜を給与する。
- **みやざき地頭鶏**（じとっこ）　体重：雄平均2,600g、雌平均2,000g。国の天然記念物の地頭鶏を、宮崎畜産試験場が改良。平飼いで飼養期間は平均135日と長い。鶏肉特有の臭いが少なくやわらかい中にも適度な歯ごたえが、コクがある。特定JASの地鶏に認定。みやざき地頭鶏事業協合組合が生産する。“地頭鶏”の名前は、その昔、あまりにも肉が美味しいので地頭職に献上されたことに由来する。

銘柄鶏

- **さつま純然鶏**（じゅんぜんどり）　体重：雄平均3,000g、雌平均2,800g。植物性原料主体の飼料に、鶏の健康を考え生菌剤のカルスポリンとオレガノなどのハーブを配合。鹿児島の薩摩川内市やさつま町の開放の平飼い鶏舎で平均50日飼養。鶏種はコブやチャンキー。江夏商事が生産する。
- **さつま雅**（みやび）　体重：雄平均3,000g、雌平均2,800g。マイロを主体とした飼料を給与し、脂肪は白く、肉色は淡いピンク。中鎖脂肪酸を多く含む「ココヤシ油」と、鶏の健康を考え乳酸菌や生菌剤を飼料に添加。鶏種はコブやチャンキー。江夏商事が生産する。
- **高原ハーブどり**　体重：平均3,000g。霧島連山の麓で専用飼料に、カボチャ種子、オオバコ種子、スイカズラ花弁、紅花などのオリジナルハー

ブを加えすべての飼養期間を無薬で育てた。保水性が良くジューシーで、鶏肉特有の臭さを抑えた美味しい鶏肉。開放鶏舎の平飼いで飼養期間は平均52日。白色コーニッシュの雄に白色プリマスロックの雌を交配。エビス商事が生産する。

- **霧島鶏** 体重：雌平均3,200g。雌のみを開放鶏舎の平飼いで約70日間飼養。ハーブを加えた専用飼料を与えることで肉の色艶に富みしまりが良く、コクのあるジューシーな味に仕上がっている。鶏特有の臭みがなく、高タンパク、低カロリーのヘルシーチキン。白色コーニッシュの雄に白色プリマスロックの雌を交配。エビス商事が生産する。

- **特別飼育豊後どり** 体重：平均2,920g。専用飼料に生菌剤のカルスポリンを添加したことで余分な脂肪が減少し旨さを引き出した。ビタミンEも豊富。平飼いで飼養期間は52日。白色コーニッシュの雄に白色プリマスロックの雌を交配。児湯食鳥が生産する。

- **日南どり** 体重：平均2,920g。鶏がお腹の中から健康になるように、飼料にカルスポリンのような生菌とビタミンEを添加した元気チキン。脂肪が少なく旨味を引き出したワンランク上の鶏肉。平飼いで飼養期間は平均52日。白色コーニッシュの雄と白色プリマスロックの雌を交配。児湯食鳥が生産する。

- **日向鶏** 体重：雄平均3,400g。低脂肪、低カロリー、低コレステロールの三拍子そろったヘルシーチキン。飼料に海藻類とビタミンEを添加。雄だけを平飼いし飼養期間は55～60日。白色コーニッシュの雄に白色プリマスロックの雌を交配。児湯食鳥が生産する。

- **大阿蘇どり** 体重：平均2,920g。天然ミネラルやビタミン、アミノ酸をたっぷり専用飼料に加え、遠赤外線で処理した水を与えて育てた、低脂肪で低コレステロールな鶏肉。肉の香りや色合いが引き出されている。平飼いの開放鶏舎で平均52日間飼養する。白色コーニッシュの雄に白色プリマスロックを交配。児湯食鳥が生産する。

- **宮崎都味どり** 体重：平均2,900g。専用飼料に醗酵乳や木酢液を添加し、また植物性油脂のパームオイルを与えることで鶏の旨味の要素の脂を改良。平飼いで飼養期間は平均50日。白色コーニッシュの雄に白色プリマスロックの雌を交配。宮崎くみあいチキンフーズが生産する。

- **はまゆうどり** 体重：平均3,000g。専用飼料にビタミンE、醗酵乳粉末、

木酢液、パーム油脂を添加して育てた若どり。生産者、飼育方法などを明確にした安心な鶏肉。開放鶏舎で飼育期間は平均50日。白色コーニッシュの雄に白色プリマスロックの雌を交配。宮崎くみあいチキンフーズが生産する。

- **宮崎県産森林どり**　体重：平均3,100g。森林エキスの木酢酸を添加し、ビタミンEを強化した専用飼料を与えて育てた、低カロリーで低脂肪、ビタミンE豊富なヘルシーな若どり。飼養期間は平均52日。鶏種はチャンキー。丸紅畜産が生産する。
- **みやざき霧島山麓雉**　霧島連峰の麓で飼育されている雉で、コクと旨味があり、口当たりはさっぱりしている。

たまご

- **霧島山麓とれとれ村 庭先たまご**　霧島山麓の山林の澄み切った空気と太陽のふりそそぐ自然環境の中で放し飼いにして、緑草を加えた自家配合飼料で育てた健康な鶏から産み落とされた卵。岡崎鶏卵が生産する。
- **米の子**　JA宮崎グループの統一ブランド。特長は飼料に次の3つを行うこと。水田の有効活用を行うために宮崎県産の飼料用米を配合する。割れを少なくして安全で安心な卵を供給するためにミネラルや有機酸、有用な菌類で作った「エクス（卵殻質用飼料）」を使う。サルモネラと鶏のお腹の調子のためにヨーグルト末や枯草菌で作った「ZK」を使う。白玉、ピンク卵、赤玉がある。JA宮崎が販売する。

その他の鳥

- **ダチョウの飼育**　日南市は、一時期 "ダチョウ" を地域の特産にしようと飼育に乗り出したことがあった。当時はオーストリッチハジメ（旧かずき農園）が生産していた。

県鳥

コシジロヤマドリ（キジ科） ヤマドリは、長い尾羽が特徴の日本固有の種で、生息域は雉とは異なり、山の中なので、山鳥という。奈良時代から山鳥として知られており、万葉集や小倉百人一首にも歌われている。英名は、Copper Pheasant。銅色の雉。コシジロヤマドリは、九州に棲息するヤマドリの一亜種で、腰の部分の羽に白い模様がある。秋田県、群馬県の県鳥はヤマドリ。

汁　物

汁物と地域の食文化

　日向の国といわれた宮崎県は、神話と伝説の地域として、日本の起源の痕跡が明らかになるのではないかと期待される、夢のある地域である。黒潮の流れを受ける土地で、気候の温暖な地域である。最近は、鶏、ブタ、ウシなどの飼育と家畜の種の保存で重要な地域となっている。

　温暖な気候に恵まれ、食べ物にも恵まれている宮崎県は、九州山地と霧島山系などに囲まれ、他の地域との交流は盛んでなかった。そのため地域の人々の繋がりは密であったようであり、食べ物を保存する必要はなかったらしく、手の込んだ料理は少なく素朴な食べ物が多かった。その素朴なものは、宮崎県の代表的郷土料理の「冷や汁」にみられる。

　代表的郷土料理として、宮崎県全域で食べられている「冷や汁」、山間部で食べられる「けんちゃん汁」、海岸地帯の「湯なます」がある。

　冷や汁は、山形県、埼玉県、群馬県、栃木県、新潟県にもあり、各地で特徴のある冷や汁を継承している。「宮崎県の冷や汁」は農民食として発達したもので、すり鉢に「いりこ」（煮干し）や、焼いてほぐしたアジを入れて炒った胡麻と麦味噌を入れ、すりこぎで擦って冷や汁を作る。

　川に棲息しているモズクガニの味噌汁が、北郷町の郷土料理である。水田の少ない山間部では焼き畑で栽培したソバの粉と小麦粉で作った団子を、ゴボウ、ニンジン、ダイコンなどの入った煮汁に入れて煮込んだ「そば汁」がある。一般に「うどん」といわれているものが、「ゆであげだこ汁」とも称している。レンコンを擦りおろし、だし汁と味噌で調味したものは「レンコンのすり流し汁」として利用されている。

汁物の種類と特色

　各地に郷土料理に「冷や汁」はあるが、よく知られているものには宮崎県の「冷や汁」がある。鮮度のよいアジ・サバ・イワシの一部は刺身に、

凡例　1世帯当たりの食塩・醤油・味噌購入量の出所は、総理府発行の2012年度「家計調査」とその20年前の1992年度の「家計調査」による

残りの一部は焼いて擦り潰す。擦り潰したそぼろのような部分はニンニク・ゴマ・焼き味噌で濃い目の汁をつくる。刺身や青紫蘇、ネギなどの香りのある野菜をのせたご飯に汁をかけるという、贅沢なようで、素朴な料理である。新鮮なマダイを冷や汁と同じように、焼いて擦り潰して白味噌の汁を作り、マダイの刺身をのせたご飯にかける「日向鯛の茶漬け」もある。イワシを焼き味噌でのばした汁に豆腐や薬味を入れた熱い汁をご飯にかける「汁かけご飯」も冷や汁に似た郷土料理である。

　北郷町の郷土料理の「かにまき汁」は山太郎がに（モズクガニ）を砕いて取り出して作ったエキスを加熱して作る。田植え時などの行事食の「ゆであげだこ汁」は、幅広い麺をつくり、ネギ・なば・鶏肉を入れた熱い醤油仕立ての汁で食する。かつて飢餓の際に飢えないように考えたものが「レンコンのすり流し汁」であるといわれている。

　秋から冬にかけて漁獲されるシイラの刺身や塩蒸しにした残りの頭や骨の塩汁は、日南市の「まびき（シイラの地方名）の塩汁」である。魚の中骨についている身肉と豆腐を混ぜた団子で作る醤油仕立ての「ぼったり汁」も日南市の郷土料理である。

　サツマイモのデンプンと煮干しのダシ、ハクサイの一種の地菜とともに作り上げる「かねんしゅい」は病人食として作られる汁物である。美味しくて何杯もお代わりするという「シイタケ八杯汁」、その他「延岡けんちん汁」や「宮崎野菜汁」もある。

食塩・醤油・味噌の特徴

❶食塩の特徴

　日南海岸の海水を汲み上げ、製塩したものがある。「満潮の塩」「北浦の自然塩」などがある。

❷醤油・味噌の特徴

　醤油の醸造元は延岡市、日南市、高千穂町、宮崎市、新富町、都城市などにある。濃口醤油を醸造しているが、九州地方独特の甘い刺身醤油も製造している。

　味噌の醸造元は、宮崎市、延岡市、日向市、新富町、木城町、西都市、日南市、都城市にある。麦味噌、食塩含量の少ない味噌、シイタケ味噌などを作っている。

1992年度・2012年度の食塩・醤油・味噌の購入量

▼宮崎市の1世帯当たり食塩・醤油・味噌購入量（1992年度・2012年度）

年度	食塩（g）	醤油（mℓ）	味噌（g）
1992	3,366	11,425	12,951
2012	1,883	6,689	8,286

▼上記の1992年度購入量に対する2012年度購入量の割合（%）

食塩	醤油	味噌
55.9	58.5	64.0

　宮崎市の1世帯当たりの味噌の購入量が、1992年度も2012年度も九州地方の県庁所在地の購入量に比べれば多かった。また、食塩の購入量も熊本市や佐賀市に比べれば九州地方では多いほうであった。

　1992年度の食塩・醤油・味噌の購入量に対する2012年度の購入量は約60％にまで減少している。郷土料理の押しずしや鶏料理を作るのではなく、市販のものを利用する機会が多くなったことから食塩の購入量が少なくなったと推測する。味噌の購入量が、食塩や醤油ほど多くないのは、家庭で作る郷土料理の汁物は、味噌仕立てのものが多いからと思われる。

地域の主な食材と汁物

　温暖な日向灘に面する宮崎県の内陸部の山々は、古代の建国神話の舞台の地として神秘的なものが存在しているように思われる。飼育動物の伝染病などの問題が発生するごとに注目される宮崎県は、畜産と野菜中心の農業県である。郷土料理の種類が多いのは、人々の生活に、神仏を中心として互いにコミュニケーションを取り合う機会が多かったからと思われる。

主な食材

❶伝統野菜・地野菜

　日向カボチャ、夕顔カボチャ、鶴首カボチャ、在来白皮ニガウリ、在来青皮ニガウリ、佐土原ナス、白ナス、平塚カブ、糸巻きダイコン、すえダイコン、いらカブ、筍いも（サトイモの仲間）、都いも（サトイモの仲間）、大晩生フダンソウ、その他（宮崎ブランド野菜：ゴボウ、トマト、ダイコン、シイタケ他）

Ⅱ　食の文化編　　79

❷主な水揚げ魚介類

　カツオ、マグロ、イワシ、アジ、サバ、ブリ、シイラ、トビウオ、ヒラメ、」オオニベ、イセエビ

❸食肉類

　宮崎牛、はまゆうポーク、宮崎地鶏

主な汁物と材料（具材）

汁　　物	野菜類	粉物、豆類	魚介類、その他
冷や汁	薬味（ニンニク、ネギ、ミョウガなど）	ゴマ	アジ、サバの刺身と焼いたもの、焼き味噌
シイタケ八杯汁	ダイコン、ニンジン、ゴボウ、シイタケ（細く切る）	焼き豆腐、油揚げ	八杯汁（水4・醤油2・酒2/水6・醤油1・酒1の煮汁）
延岡けんちん汁（けんちゃん汁）	ダイコン、ニンジン、ゴボウ、シイタケ、キクラゲ		鶏肉、ウズラ肉、調味（砂糖/醤油/酒）、かつお節だし
宮崎野菜汁	ナス、ダイコン、カブ		味噌汁
まびきの塩汁	ネギ、タマネギ		シイラ、調味（塩）
ぼったり汁	ダイコン、ネギ		大形魚の骨の身、小魚の身、イワシ、アジ、エソ、調味（塩/醤油）
いもん子の吸物	サトイモ、シイタケ、もやし	豆腐、さつま揚げ	鶏肉、いりこ（だし）、調味（塩/醤油）
かねんしゅい（サツマイモの汁の意味）	地菜、ニンジン、ネギ	サツマイモでんぷん	いりこ（だし）、醤油仕立て
かにまき汁	薬味（ショウガ、ネギ）		砕いたモズクガニのエキスを利用、味噌仕立て
汁かけご飯	キュウリ、青ジソ	豆腐	イワシの焼いたもの、焼き味噌をのばした汁

そば汁	シイタケ、ダイコン、ニンジン	そば粉と小麦粉の麺	鶏肉、調味（味噌、みりん）
茹であげだこ汁（神楽うどん）	ネギ、なば	うどん	鶏肉、だし汁、醤油仕立て
れんこんのすり流し汁	レンコン		だし汁、味噌仕立

郷土料理としての主な汁物

- **冷や汁**　冷や汁は鎌倉時代に、宮崎県で生まれたといわれている。アジ、サバ、イワシの一部は刺身に、一部は焼いて擦り潰す。擦り潰した魚に、ニンニク、ゴマ、焼き味噌で濃い目の汁を作る。ご飯の上に刺身を並べ、紫蘇、ネギ、ショウガ、海苔などの薬味をのせ、汁をかけサラサラと食べる。

- **まびきの塩汁**　「まびき」とは、魚の「シイラ」のこと。刺身や塩蒸しにしたシイラの残りの頭や骨の塩汁。ネギやタマネギも加える。

- **ぼったり汁**　魚のすり身の団子をダイコン、ネギなどの入った透明な醤油味のスープに入れる。大型の魚は骨についている身を、小魚は骨、頭を除いた身を使う。すり身の団子をしゃもじにのせて、汁へ落とす。

- **いもん子の吸物**　「いもん子」はサトイモのこと。正月の元旦の雑煮の代わりに食べる。サトイモは子がたくさんできるから、「子孫繁栄を願った」雑煮である。

- **かねんしゅい**　「かねんしゅい」とは「かね（サツマイモでんぷん）」、「しゅい」は「汁」のこと。サツマイモデンプンに湯を加えて固め、団子にして汁の中に落とす。汁には、油揚げ、地菜（白菜の一種）、ニンジン、ネギを入れておく。お産の時は、1週間ほど食べ続ける。

- **かにまき汁**　カニの甲羅とエラを外し、身も脚も擦り潰し、途中で味噌を加えて、さらに砕く。細かくなったら水を入れてかき回し、ザルで濾し、濾した汁を鍋に入れて焦げ付かないように煮る。食べる時は薬味をのせる。

- **汁かけ飯**　焼いたアジやイワシなどをほぐす。焼き味噌をのばした汁に、魚のほぐし身、豆腐、キュウリ、青ジソ、その他の薬味を入れてから、熱いご飯にかけて食べる、夏の郷土料理。冷や汁と似たようなもの。

Ⅱ　食の文化編　81

- **鯛茶漬け**　新鮮な鯛のそぎ切りまたは刺身を、醤油、紫蘇の実、ゴマを合わせた調味液にたっぷりつける。ご飯に調味液につけた鯛をのせ、熱いお茶を注ぎ、もみのりやワサビをのせて食する。
- **ゆであげだこ汁**　行事や田植えの時に作る手間のかかるうどん。手打ちうどんを使用するので時間がかかる。ネギ、ナバナ、鶏肉を入れた醤油仕立ての汁をつくる。茹でた手打ちうどんに、醤油仕立ての汁をかけて食する。
- **れんこんのすり流し汁**　昔、飢餓をの際に、飢えないように工夫したのがレンコンの栽培であったという。今でも品質の良いレンコンが栽培されている。レンコンを擦りおろし、だし汁と味噌で調味したすり流しである。
- **むっけ汁**　クジラのコロ（脂肪層の乾燥したもの）と干しシイタケと干しタケノコを入れて味噌を調味したもので、麦粥を作る。

伝統調味料

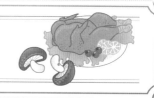

地域の特性

▼宮崎市の1世帯当たりの調味料の購入量の変化

年　度	食塩 (g)	醤油 (ml)	味噌 (g)	酢 (ml)
1988	3,746	16,549	15,732	1,050
2000	1,905	8,107	9,578	2,753
2010	2,748	6,766	9,505	4,575

　畜産業の盛んな宮崎県は、牛肉・豚肉・鶏肉などの食べ方や味付けにこだわりがありそうにみえる。「家計調査」によると、宮崎市の1世帯当たりの調味料の購入量は、九州地方の他の県のそれと比較すると食塩の購入量は最も少ない。醤油の購入量も少ない。味噌の購入量は鹿児島市や沖縄の那覇市より多い傾向がみられる。砂糖の購入量は、鹿児島市より少ないが、大分県より多い。この購入量から推察するに肉料理の味付けは味噌と砂糖も上手に使いこなしているようである。宮崎の名物の「鶏の丸焼き」は、文字通り1羽丸のままを焼いたもので、醤油・みりんを基本とする調味液で調味する。野鳥を焚き火で焼いた名残で、かっぱ酒（竹の筒に入れた酒を焚き火で燗をした、宮崎県の五箇瀬川の高千穂一帯で嗜む酒の飲み方）の肴に利用されていたのであるが、現在は、パーティー用、お祝いなどにローストチキンの形で提供することが多いようである。

　食塩の購入量が少ないのは、日向灘で漁獲される天然の魚介類に恵まれていて、刺身は醤油で食べ、生ガキは酢醤油で食べるなど、調味は酢や醤油の利用でよい場合が多いからとも思われる。

　日向地方の郷土料理の「イワシのソバ団子」は「イワシのソバ団子汁」ともいわれている。鮮度のよいイワシの入手が可能な日向地方でなければ食べられない団子状の変りソバともいわれる。イワシの身肉をミンチし、これにそば粉と小麦粉（割合が2：8）を入れて、よく捏ねる。別にダイ

コン・白菜の汁をつくり、この中にイワシと粉を混ぜて練ってつくった団子を落とし、醤油・塩で調味したものである。だし汁を用意しなくてもイワシの団子からうま味がでるので、複雑な調味のいらないシンプルな椀物になる。

宮崎県にも醤油や味噌のメーカーは多いが、醤油や味噌だけでなく、味噌しょうゆ、タマネギドレッシング、ポン酢、宮崎の郷土料理の冷汁用の調味料など幅広く展開している店もある。九州地方の刺身醤油は甘味のものが多いが、宮崎では甘味を抑えた「甘紫」の名で地元でのみ販売しているものもある。

宮崎県もシイタケの特産地である。温暖で多雨なのがシイタケの菌糸の発育に適しているのかもしれない。菌糸を植える榾木には、クヌギを用いる。大型で風味のよい肉厚の、冬にとれるシイタケは「日向ドンコ」の名がある。このシイタケを使った宮崎の延岡地方に伝わる郷土料理が「シイタケの八杯汁」である。八盃汁とも書く。「八杯豆腐」という郷土料理がある。これは豆腐をうどん状に細く切り、八杯汁で煮てとろみをつけたものである。「八杯汁」とは、「水4杯・醤油2杯・酒2杯」か「水6杯・醤油1杯・酒1杯」の煮汁をいう。八杯豆腐汁の豆腐の代わりに宮崎特産のシイタケを細く切ってつくったのが、「シイタケの八杯汁」である。シイタケのほか、食べやすく切ったダイコン・ニンジン・ゴボウ・焼き豆腐・油揚げ入れ、砂糖・醤油・塩・酒で調味し、最後にかたくり粉でとろみをつけた冬の健康食である。

高千穂地方の「ゆであげだご汁」は、祝い事や田植えなどの行事食としてつくられる手打ちうどんである。小麦粉を「うちみだご汁」といわれるみそ汁に入れて時間をかけて捏ねてから麺をつくる。茹でたものにネギ・シイタケ・鶏肉の入った汁をかけて食べる。特産のシイタケのうま味を生かした麺つゆといえる。

知っておきたい郷土の調味料

宮崎県は畜産県といわれているほど、畜産業が盛んである。畜産業と関係して鶏肉や豚肉の料理も豪快である。これらの料理に使うタレの基本は味噌や醤油、塩、砂糖などの調味料が基礎となっている。

醤油・味噌

- **宮崎県の醤油・味噌の醸造元**　宮崎県内の醤油の醸造元は、延岡市、日向市、高千穂町、宮崎市、新富町、都城市などに1〜4カ所ほどある。「マルタニ醤油」のブランドで知られているのが昭和8（1933）年創業の谷口醸造㈱である。さしみ醤油の売れ行きがよい。宮崎県内の味噌醸造元は、延岡市、日向市、宮崎市、新富町、木城町、西都市、日南市、都城市に1〜7カ所がある。とくに、宮崎市には7カ所もある。長友味噌醤油醸造元が提供するのは、南国宮崎・青島の自然環境の中でつくられた醤油・味噌である。宮崎の甘い醤油に誇りをもって作り販売している。早川しょうゆみそ㈱は、地産地消とスローライフを目指して塩分の少ない無添加味噌、生しょうゆを提供している。

- **九州の醤油が甘いわけ**　九州の中でも宮崎や鹿児島の醤油は、長崎や熊本の醤油に比べるとより一層甘く感じる。南に近づくと生理的に甘い醤油が欲しくなるわけでもないらしい。甘い醤油を提供することにより、砂糖を使うことは、生活に困っていないという意味をもつことがあったらしい。現在の甘い醤油はアミノ酸（グリシンなどのアミノ酸は甘い）液と甘味料を添加して甘みを整えている。

- **しいたけ味噌**　シイタケの生産地だから考えられた逸品。自家製味噌に特産のシイタケを漬け込んだもの。ご飯の上にのせてご飯と一緒に食べるのも美味しいが、炒め物の味付けに使うのもよい。

食塩

- **宮崎の塩の歴史**　宮崎県の昔の塩づくりは、河川の下流にある小さな干潟を利用して入浜式塩田をつくって行われていたとの説がある。

- **満潮の塩**　宮崎県のリアス式海岸と穏やかな砂浜を擁す日南海岸で、満潮時の1時間以内に海水ポンプで水揚げた海水を、濃縮し、濃縮液を加熱して食塩の結晶を調製する（宮崎サン・ソルト㈱）。

- **北浦の自然塩**　日南海岸の指定された海岸線の下阿蘇海岸の岩礁からポンプで取水し、ステンレス製の平釜で食塩の結晶を調製する（北浦総合産業㈱）。

Ⅱ　食の文化編　　85

郷土料理と調味料

- **巻繊（けんちゃん）汁**　汁は鰹節のだし汁に、砂糖・醤油・酒で調味したものである。具としては、かつては雉（きじ）・山鳥・山鳩・鶉（うずら）などの野鳥を使ったが、現在は鶏を使い、ダイコン・ニンジン・ゴボウ・椎茸・キクラゲなどをせん切りにしたものと、油で炒めた崩し豆腐を、調味しただし汁に入れて煮る汁。

- **椎茸の八杯汁**　八盃汁とも書く。八杯とは、[4杯・醤油2杯・酒2杯]、または[水6杯・醤油1杯・酒1杯]の煮汁をいい、「八杯豆腐」という料理は、豆腐をうどん状に細く切り、八杯汁で煮たものをいう。豆腐の代わりにダイコン、ニンジン、ゴボウなどを細く切って八杯汁で煮込むものもある。延岡地方の郷土料理。

- **冷や汁**　宮崎県の他に長崎県にもある。宮崎県の郷土料理の冷や汁は、アジ・サバ・イワシなどの青皮の魚を使う。魚の一部は焼いて磨り潰す。残りの部分は、刺身にしておく。焼き魚を磨り潰し、そぼろのようにしたものは、すり下ろしたニンニク・ゴマ・焼き味噌と混ぜ、濃い目の汁を作り、ご飯の上に、刺身を並べ、刻んだ青ジソ・ネギ・ミョウガ・すり下ろしたショウガ・もみ海苔などの薬味をのせ、焼き魚のそぼろを入れた濃い目の汁をかけて食べる。

発　酵

そば焼酎

◆地域の特色

　全体的に日照時間、降水量ともに全国上位で、特にえびの高原、鰐塚山の降水量は日本有数となっている。平野部での降雪、積雪はまれである。夏は季節風の南東風により蒸し暑い状態が続くものの、海風であるためそれほど高温にはならない。冬は乾いた西風がよく吹き、快晴の日が多い。国内で冬に晴天が多い地域では最も暖かいこの気候を利用し、野球などのスポーツチームのキャンプやゴルフ客が多数訪れる。

　日本有数の農業県であり、2018（平成30）年の統計では、農業産出額全国5位である。温暖な気候を利用し、稲作においては超早場米の生産地として有名であり、また、野菜、果実などの促成栽培、葉タバコ、サツマイモなどの生産が盛んである。また、牧畜業は乳牛、肉牛、豚、鶏のすべてにおいて日本有数の生産高を誇る。キュウリは1895（明治28）年、宮崎市上野町で栽培が始まった。現在では宮崎市、西都市などが主要産地であり大阪、東京などへ出荷される。2007（平成19）年における生産量は6万700トン、生産額は185億円で群馬県に次いで全国2位、特に冬と春物は1位である。スイートピー、ブロイラー、切り干し大根、ヒュウガナツ生産量などが全国1位である。

◆発酵の歴史と文化

　「山を焼くことで、山が元気になる」。これは、焼畑を行ってきた人々の言葉である。宮崎県の山あいにある椎葉村の中心部からさらに山道を車で40分ほど入ったところに、縄文時代から続いているといわれる焼畑が今でも継承されている。2015（平成27）年に世界農業遺産に認定された「高千穂郷・椎葉山地域」で、焼畑と焼畑農法で育てられた作物で伝統食が作られている。

　焼畑には決まったサイクルがある。火入れをした焼畑で、1年目に育て

Ⅱ　食の文化編　　87

るのは、多くの養分を必要とするソバである。2年目にはヒエまたはアワ、3年目には土壌を肥やすマメ科のアズキ、4年目は大豆と決まっている。4年間作物を栽培した後は、24～25年、クリやクヌギを育てて、焼く。このことで森林が再生し、土壌が回復する。

　そば焼酎の発祥は新しく、1973（昭和48）年、宮崎県西臼杵郡五ヶ瀬町の五ヶ瀬酒造（後の雲海酒造）が、五ヶ瀬地方の特産品であるソバを原料に焼酎を造ったのが始まりである。味わいは麦焼酎よりさらに軽く、クセが少ないため、1976（昭和51）年以後全国的にそば焼酎ブームが起こった。

　その後、ソバの栽培が盛んな長野県や北海道でもそば焼酎が製造されるようになり、各地の焼酎メーカーで広く造られるようになった。そば屋においては、そばを茹でたそば湯で割ったそば焼酎を提供している事例も多くみられる。

◆主な発酵食品

醤油　甘口の醤油が主体であり、谷口醸造（日南市）では甘さの異なる醤油を販売している。その他、金子醸造（宮崎市）、ヤマエ食品工業（都城市）、阪元醸造（日南市）、竹井醸造（日南市）などで造られている。

味噌　香りと風味が豊かであっさりした味の麦麹を使った麦味噌が好まれる。金子醸造（宮崎市）や永野（宮崎市）などで造られている。

日本酒　焼酎王国の宮崎では、千徳酒造（延岡市）と雲海酒造（宮崎市）でのみ日本酒が造られている。

焼酎　歴史的には、鹿児島とともに芋焼酎が多く飲まれていたが、最近では、そば焼酎、麦焼酎などの生産も多い。雲海酒造（宮崎市）、霧島酒造（都城市）、高千穂酒造（西臼杵郡）、宮田本店（日南市）、井上酒造（日南市）、黒木本店（児湯郡）、尾鈴山蒸留所（児湯郡）など、38の蔵で造られている。栗焼酎、トウモロコシ焼酎、よもぎ焼酎、かぼちゃ焼酎などさまざまなものを原料に使用した焼酎もある。

ワイン　1994（平成6）年に設立された綾ワイナリー（東諸県郡）をはじめ、都農ワイン（児湯郡）、都城ワイナリー（都城市）、五ヶ瀬ワイナリー（西臼杵郡）などがあり、最近は、本州最南端のワイナリー県としてワイン造りが盛んである。

チーズとヨーグルト　霧島連山の広がる小林市にある加藤牧場やダイワファームでは、ジャージー牛をはじめとする乳牛を育て、搾りたての牛乳でモッツァレラ、リコッタなど多彩なチーズやヨーグルトを生産している。

スコール　脱脂乳をベースにした乳を独自製法で発酵させ、炭酸水を加えた飲料であり、都城市の南日本酪農協同が1972（昭和47）年から販売している。同社は、ヨーグルッペという乳酸菌飲料も製造している。

だんだん納豆　椎葉村伝統の発酵食品である。大豆と米麴、昆布、ニンジン、ショウガなどで作られ、薄味の納豆のような素朴な味で、粘り気が少なくクセもない。

豆腐の味噌漬け　西臼杵郡高千穂町や東臼杵郡椎葉村で作られている固い木綿豆腐を麦味噌などに1年ほど漬けたものでチーズのような食感をもつ。「ねむらせ豆腐」などの名で販売されている。

むかでのり　キリンサイと呼ばれる海藻を使った発酵食品で、日南海岸沿いの飫肥や南郷で作られる。天日干しされた海藻を水で戻し、煮出して寒天にし、それを10日間ほど味噌漬けにしたものである。お盆にお供えする料理の一つである。

干し大根の漬物　米糠で乳酸発酵した天日干しだいこんの漬物である。「千本漬け」「日向漬け」「発酵大根」などの名で販売されている。

生漬沢庵　生のダイコンを干さずに塩押し、さらに中漬けをし、糠などで本漬けしたものである。

◆発酵食品を使った郷土料理など

飫肥天（おびてん）　イワシ、アジ、サバなど近海で獲れた魚をすり身にしたものに豆腐を混ぜ、味噌や醬油、黒砂糖で味付けしたものを揚げる。薩摩揚げに似ているが、柔らかくふわりとした食感で独特の味わいがある。飫肥藩領であった江戸時代に領民たちによって案出された料理である。

冷や汁（ひやじる）　いりこや焼きほぐしたアジなどの魚、ごま、麦味噌をすり鉢に入れ、すりこぎですり、だしを注ぎ入れてのばす。ほぐした豆腐、輪切りのキュウリ、青ジソなどを混ぜてよく冷やし、米飯や麦飯にかけて

食べる。宮崎平野を中心とする地域の郷土料理である。

◆発酵にかかわる神社仏閣・祭り

霧島焼酎神社（都城市）　昭和の初め頃に、霧島神宮から分霊をうけ、霧島酒造創業の地である都城市に祭壇を祀ったことが霧島焼酎神社の始まりとされる。現在は、霧島ファクトリーガーデンに鎮座する。

都萬神社（西都市）　日本で最初に結婚式を挙げたと伝わる木花咲耶姫を祀る神社である。「さいまんさま」とも呼ばれており、日向式内社の一つで、木花咲耶姫が3人の皇子を育てるのに母乳の代わりに甘酒を与えたという伝承から、日本清酒発祥の地の碑が境内に建てられている。

◆発酵関連の研究をしている大学・研究所

宮崎大学農学部応用生物科学科　焼酎原料のサツマイモや酵母などの研究がされており、「宮崎大学オリジナル焼酎」プロジェクトによる焼酎「薫陶」が販売されている。

都道府県トップ10　本格焼酎生産量

　生産量トップは宮崎県の15万4540kℓで、全国計44万7630kℓの34.5％である。2位は鹿児島県（12万5794kℓ、シェア28.1％）、3位は大分県（7万7444kℓ、同17.3％）、以下4位福岡県、5位熊本県、6位沖縄県、7位長崎県、8位佐賀県、9位千葉県、10位高知県である（2018（平成30）年国税庁間接税酒税都道府県別の製成数量より作成）。

和菓子／郷土菓子

鯨ようかん

地域の特性

　九州の南東部に位置し、三方を山に囲まれているが太平洋に面し、温暖な気候と豊かな自然に恵まれ、古代より「日向国（ひゅうがのくに）」と称されてきた。だが、台風の通り道にあり「実りの豊かさ」に反し、毎年「災害」と立ち向かう二律背反性を持ち合わせている。

　しかし、県民性は「てげてげ」という言葉で表されるように、大らかで「競争心に欠ける」といった気風がある。それはこの地が豊臣秀吉時代に所領が決まって以来、戦乱も少なく比較的平穏な時代を過ごしたからであろう。

　一方、江戸時代において佐土原藩は薩摩藩の支藩であった。都城市一帯は薩摩藩領で、そのため方言や菓子なども薩摩文化を色濃く残していた。

　また「天孫降臨（てんそんこうりん）」の神話の国。日向市美々津では、初代神武天皇の「東遷」を昨日のように語り継がれ、古風な団子（だご）が今も子供たちに食べられている。

地域の歴史・文化とお菓子

神話の国・宮崎に伝わる「ふる里菓子」

①美々津（みみつ）の神武天皇「お船出だご」

　宮崎県の日向灘に面した美々津（日向市）は、耳川河口の港町で二千数百年前、日向国に宮を築いていた神武天皇が、大和国に遷都しようとお船出した所と伝えられる。

　出発日は旧暦8月2日であったが、天気の具合で1日の払暁と早まった。里人たちは、お祝いの団子を献上しようと、小豆を煮て餡を作り、餡団子にしようと考えていた。だが、出発が早まり急遽、煮た小豆を米粉と一緒に蒸し、臼で搗き混ぜ団子にして献上したのであった。九州では団子を"だ

ご"というところから、この団子を「お船出だご」「搗き入れだご」とよび、町では今でも旧暦8月1日に作られている。

②地元に伝わる「起きよ祭り」

美々津の「耳川お船出の会」の代表で、土地の語り部でもある佐藤久恵さんの口を借りると「こりゃーでじ（大変）なこっちゃ、急がんと間にあわんど」と、米粉と小豆を「ひん、混ぜくって、臼で搗きしらかし、あやひっきって」と、大慌てで団子を作って差し上げたそうである。

美々津では毎年旧暦8月1日の早朝、まだ薄暗い中を笹竹持参の子供たちが眠い目をこすりながら数十人、いそいそと集まってくる。家々にポツリポツリと灯りがともると、1軒1軒叩いて「起きよ、起きよ」と声を掛けて歩きまわるのである。そして集まった大人や子供たちが協力して「お船出だご」を作り、神武天皇を祀る立磐神社や"神武天皇の腰かけ岩"にお供えして神事が行われる。その後一同は日向灘の海辺に行き、笹竹と一緒に神武天皇を見送り、直会は黄な粉をまぶした甘い"だご"を食べ合うのであった。

③刃物を使わず切り分ける「お船出だご」

小豆の風味と米粉の香りのする「お船出だご」は、地元の「耳川お船出の会」のお母さんたちが作る素朴な手作りだごである。だごは、前述の佐藤久恵さんの実家である「美々津軒」で作られる。この建物は国の重要文化財である美々津伝統的建物群の一角にあって、お土産などを売る美々津の中心的な大事な拠点でもある。

だごはまず、米粉ともち粉に塩を少々入れて小豆の煮汁を加えてよく捏ねる。さらに茹でた小豆を入れて捏ねると生地が赤紫色になり、それを明治頃の古い蒸籠で蒸す。湯気が立って15分もすると艶々のだご生地ができ、それを小さな石臼に移し細長い杵で搗く。仕上げは直径約4cmのソーセージのような棒状に延ばし、切り分けるときは口に糸を咥え3cmほどの厚みに切る。砂糖を加えた黄な粉で食べるが、神武天皇の頃のだごは塩味だった思われる。

④神武天皇にまつわる話

美々津軒のあるあたりは「立縫いの里」と昔からよばれている。それは出発が早まったため、神武天皇は衣のほつれに気づいたが直す暇がなく、立ったまま縫わせたので「立縫いの里」とよんだという。また、このだご

は、神武天皇のお通りになった道筋の上町、中町、下町の家々で作られ、他の道筋の人々が作ると「虫がせく」（腹痛をおこす）という伝説がある。そのため道筋の人たちは、"配りだご"をする習わしになっていて、いただいた人たちは必ずこのだごを大事に神棚へ供えたという。

⑤元気な子供にと「鯨ようかん」

JR日豊線で、美々津から5つ宮崎寄りに佐土原（宮崎市）がある。郷土人形「佐土原人形」のふる里である。穏やかな表情で語りかけてくるような愛らしい土人形は、子供たちの成長を祈る「節供人形」や「饅頭喰い」、彩色豊かな「歌舞伎人形」などとして土地の人たちに親しまれてきた。

その土人形の中に、鯨の背中に乗った元気な男の子の人形があって、その人形と「鯨ようかん」が関係していた。

佐土原は、かつて薩摩藩の支藩で2万7千石の城下町であった。1989（平成元）年佐土原城も復元され、資料館となっている。この佐土原の名物「鯨ようかん」は、6代藩主島津惟久（1675～1738）が幼少の頃、政権を巡ってお家騒動があり、その成長が危ぶまれた折、生母松寿院が鯨のように大きく強く育ってとの願いを込めて作らせたのが始まりと伝えられている。

⑥鯨ようかんの製法

鯨ようかんは、背が黒く腹が白い鯨に見立てて作られている。食感は羊羹というより餅である。

「鯨もち」といえばすでに青森、山形、大阪、広島（尾道市）等の項に登場してきた。江戸期の最も古い菓子製法書『古今名物御前菓子製法書』（1718［享保3］年）にも紹介されている。佐土原の"鯨もち"は、その製法ととてもよく似ている。が、この地の"鯨もち"はなかなかユニークである。

うるち米粉に熱湯を加えて捏ね、約15分蒸して石臼に移して杵で搗く。できた生地を少量取って長さ40cm、幅7cmの棒状にする。次いで先の白い団子生地に、餡を中高にのせ、つや出しの水溶き片栗粉を刷毛で塗り、蒸籠で20分ほど蒸して冷ます。棒状の2本のだご生地を背中合わせにして1本にし、テグス糸で4cm幅に切り分ける。

⑦七浦潤う縁起のよい「勇魚」

鯨は古来、魚群を寄せ連れる勇ましい魚の意で「勇魚」とよばれてきた。1頭捕れると七浦潤うといわれ、その縁起のよさにあやかろうと、日本列

島の各地に鯨の名の付くお菓子がある。佐土原で2歳だった万吉丸（惟久の幼名）は、鯨ようかんのおかげでスクスク育ち、名君とよばれる立派な6代藩主となったのである（5代目は、幼少の万吉丸にかわって父の従弟・久寿が藩主を務めた）。そしてこの町では、5月節供に鯉幟ではなく「鯨幟」を揚げ、鯨で町おこしをしている。

行事とお菓子

①太郎の朔日の「ぶちだご」

高千穂では旧暦2月1日を「太郎の朔日」という。米粉の白餅と、九州でふつとよぶ蓬（重曹などで茹でる）を餅に搗き込んだふつ餅（緑）の2色を1つにして餡を入れて蒸す。これを「ぶちだご」とよび必ず食べた。

②3月節供の「ふつ餅」と「菱餅」

菱餅は白餅、ふつ餅（緑）、食紅で染めた赤餅の3色で作る。端はあられにする。

③春彼岸の「ふつだご」

延岡地方で「行事の餅は節供まで」といって、彼岸からはだご（団子）にかわる。「彼岸だご」は、ふつを小麦粉とやわみだご粉（もち粉と上新粉の混合）を混ぜた中に搗き込み、餡を包んだ丸い小ぶりのだご。重箱に12個ずつ詰め、親類を回って仏壇にお参りをする。

④5月節供の「かしわだご」

延岡周辺の「かしわだご」は、さるかき（サルトリイバラ）の葉で包む。だごは、ふつを湯がいて摺り鉢でよく摺り、生地は彼岸だごと同様に作り餡を中に皮を折り曲げ、さるかきの葉で包んで蒸す。

⑤5月節供の「あっまっ」「はたっまっ」

「あっまっ」は「あくまき」のことで、もち米を一晩樫の灰汁に浸け、唐竹の皮に包んで細く裂いた竹の皮で螺旋状に巻いて括り、再度灰汁で3〜4時間煮る。「はたっまっ」は「だごまき」ともいい、白玉粉か米粉に漉し餡を加えて捏ね竹の皮で包み約2時間蒸す。食べるときは糸で切って黄な粉などをつける。両者暗号のような食べ物だが、都城地方のものである。

⑥田植の「ふくれ菓子」

小麦粉に黒砂糖やソーダを入れ水で溶き、蒸籠で蒸す。ふっくらした蒸

し菓子で、田植のおやつとして作られ、郷土のおやつとしても知られる。

⑦お盆のお供え「もすこ菓子」「いりこ餅」「これ菓子」

　都城地方のお盆のお供え菓子で、「もすこ菓子」は落雁のこと。米粉は炒って細かく挽いたものを使い、砂糖は水でねっとりと練り、木型に入れて成形する。「いりこ餅」は炒った米ともち米を粉にしたものを使った蒸し菓子で、「これ菓子」は高麗菓子と書き、豊臣秀吉の朝鮮の役の際、連れ帰った朝鮮の陶工たちが伝えた菓子といわれている。

知っておきたい郷土のお菓子

- **高麗菓子**（都城市）　土地の伝統菓子を作る祝古屋の代表菓子。都城一帯は薩摩藩領であったため鹿児島と類似の菓子が多い。高麗菓子は、高麗餅のことで、秀吉の朝鮮の役の後、伝えられたとされる。もち米粉、漉し餡、砂糖を混ぜふるいに掛けて枠に詰めて蒸籠で蒸す。これらの菓子は和菓子の分野で「村雨」「時雨」とよばれるものである。

- **いこもち**（都城市）　昔、祝いの時などに農家で作られていた郷土菓子。香ばしいもち米の炒り粉を砂糖と合わせ、熱湯で捏ねた棹状の蒸し菓子。菓子店では高麗菓子やかるかんなどと詰め合わせで贈答に用いられる。

- **かからん団子とけせん団子**（都城市）　「かからん」はサルトリイバラの葉で「けせん」はヤブニッケイの葉。もち粉と米粉を生地に練り餡と砂糖を加えて捏ね、それぞれの葉で挟んで蒸す。端午の節供の頃作られ、葉の香りがして保存もできる。市内の稲谷製菓などで作る。

- **白玉饅頭**（国冨町）　米を洗い天日で乾燥させて米粉を作り、熱湯で捏ねて蒸す。石臼に移して杵で搗き、漉し餡を包んで成形して再度蒸し上げた約4cmの小ぶりな饅頭。二度蒸すのが特徴。数軒の店舗で売られている。

- **つきいれ餅**（宮崎市）　1880（明治13）年創業の金城堂が作る宮崎の土産菓子。八朔（8月1日）に美々津の浦から船出する神武天皇へ、村人が急ぎ餅に小豆を搗き混ぜて献上したという伝説に因んだ求肥餅。

- **青島ういろう**（宮崎市）　現在は数軒で作るが、1877（明治10）年頃作り始めた鈴木サトの名から「おサト羊羹」とよばれ観光地の青島名物となった。米粉と砂糖などを練って蒸し上げる。経木に包み、ヒモがけの昔ながらの包装。

- **おきよせんべい・飫肥せんべい**（日南市）　城下町・飫肥の素朴な名物菓子。明治以後職を失った武士たちが煎餅づくりを習得して創製。餅の小片を松形の金型に入れて焼いた餅種煎餅で、砂糖蜜を内側に塗って2枚に張り合わせる。菓名は創製者の小玉キヨによるとも。市内の松屋などが作る。

- **ふくれ菓子**（都城市など）　鹿児島県と同様、家庭でよく作られた郷土のおやつ。黒砂糖、薄力粉、鶏卵、重曹などをあわせて蒸籠で蒸し上げる。別名「ソーダだご」などともよばれ、親しまれてきた。

- **長饅頭**（宮崎市）　福岡食品が作る、やわらかな10cmほどの棒状の餅の中に漉し餡が入る高岡町の名物餅。子供からお年寄りにまで愛され、早々に売り切れる人気ぶり。長饅頭は5本、10本と本数で数える。

乾物／干物

かちぐり

地域特性

　宮崎県は九州南東部に位置し、東は太平洋日向灘に宮崎平野が広がり、北部、北西部は九州山地から連なる霧島火山帯からなる。県庁所在地である宮崎市は南部大淀川河口の宮崎平野にあり、その南部海岸には、かつては新婚旅行のメッカであった日南海岸、青島、フェニックス街道がある。

　気候的には温暖であるが、日照時間、降雨量は共に多く、降雪はまれである。えびの高原、霧島山脈から吹き降ろす季節風が冬の風物詩となっている。切り干し大根の生産量は日本一で、つぼ漬け大根用の乾燥風景が見られる。農業県でもあり、宮崎平野で収穫される米の早場米は、日本一早く生産される新米である。果実では日向夏、ミカンをはじめ野菜の促成栽培、葉タバコ、キュウリ、ピーマン、さつま芋などの生産が盛んである。畜産は乳牛、肉牛、豚、鶏においても、加工品を含めて日本有数の生産県でもある。

知っておきたい乾物／干物とその加工品

かちぐり　　ブナ科の栗の実をからのまま干して、殻と渋皮を取り除いた製品で、岩手県の一部などでは押し栗とも呼ばれている。日本では野生のシバグリが多く、「勝ち」に通じることから出陣や勝利の祝いにちなみ、正月のおせちに使われたり、選挙、受験、競技など縁起ものとして人気がある。最近は中国やイタリアなどからの輸入品があり、韓国産の和栗なども市場では販売されている。

干し大根（切り干し大根）　　アブラナ科の二年草である大根を千切りや薄切りなどにして乾燥した製品。一般的に、大根を保存・加工した製品を総称して干し大根というが、関西方面では千切り大根、関東では切り干し大根と呼んでいる。加工方法によって異なる種類が多く市場に出ており、乾物野菜の栽培量のトップの座を占

Ⅱ　食の文化編

め、食卓に欠かせない野菜。若い世代にも人気の商品であるが、日本全国在来の大根があり、種類も多く、各地各様に加工した地方色豊かな干し大根が市場に出ている。

大根は『日本書紀』に於朋泥の名で登場し、これが大根となり、だいこんとなった。大根の原産地は小アジアから地中海東海岸とされ、日本には記紀の時代に中国を経てもたらされた。中国の大根は、大型で水分が多い華南系と、皮に色があり、でんぷん質が多く耐寒性のある華北系がある。

この2系統の種類は共に日本に伝来し、時代と共に交雑が進み、各地の地質や気候に合う品種が誕生した。かつては数百種類があったが、1980年代に華北系の子孫、愛知県渥美半島地方の宮重大根を改良した青首大根が人気を集めて、今日に至っている。

干し大根は保存食品として古くから作られていた。平安時代には干し大根を塩と糠で漬けるたくあんが誕生し、これが元祖となって、室町時代には点心として、食物辞典『木朝食鑑』にも名があるほどである。その後、大根は全国で作られ、さまざまな品種の質の違いなどから、切り干し大根もさまざまで、切り方、戻し方、保存の仕方の違うさまざまな種類が各地で作られている。

中でも、切り干し大根の大半は宮崎県である。かつては千葉県房総が主流産地であったが、愛知県の渥美半島に移り、戦後は宮崎県に移った。その理由は、愛知県では自動車や楽器類の工業製品の産業が発達し、農地が少なくなったため農家の次男・三男が宮崎に移住したという時代背景によって今日の産地となった。栽培者と共に青首大根も委嘱された。

青首大根はでんぷん質が多く水分が少ないので、乾物に向き、また、生長が早く、スが入りにくく病気にも強いことから、宮崎県の北部地区、国富、西部、綾町、新富、宮崎市、尾鈴などで80％生産されており、田野町、清武、木花地区で20％生産されている。また、少量だが山間部でも作付けされている。

特に、北部地区は平野部であるため作付面積が広く、風があり乾燥もよく、異物の混入が少ない。他方、南部地区は切り干し大根以外につぼ漬け大根の生産もしており、材料の大根が漬物、干し大根に向くことから、品質共に人気がある。また、北部地区よりも約5℃前後気温が低く、乾燥条件もよく、色が白く仕上がり、大根のうま味が表面に出にくいため、よい

98

ものができている。

＜製造方法＞

① 収穫した大根をよく水洗いして、葉の部分と尾の部分をカットする。

② 千切り用に刀の付いた回転式のスライサーで3mmにカットする。

③ 外気温が5℃前後の冬の寒い時期、霧島高原の寒風が吹く日に、畑に木材で棚を作り、その上にむしろやよしず、網を張り、大根を広げる。

④ 日光と寒風で1～2日間ほど乾燥して、収穫となる。

＜栄養と機能成分＞

乾物の特徴であるが、生より水分が減った分だけ成分が凝縮されて驚くほど多くなる。切り干し大根の場合は94％が水分で、各成分は生大根の15～16倍にもなる。カルシウムは生大根の15倍だから乾燥した分凝固され、生よりカルシウムが23倍、鉄分は49倍。生では消化酵素ジアスターゼがあるが、切り干しは太陽の恵み、現代人に不足しがちな栄養分の補給効果がある。

切り干し大根に含まれる食物繊維は100g中20.7gで、生大根の約15倍だから、水分が減った分だけ凝縮したに過ぎない。生大根100g分の食物繊維1.4gは切り干し大根なら21g弱で取れる。さらに生大根を100g食べるのは大変だが、切り干し大根なら1食に10～20gは食べられる。切り干し大根10g中の食物繊維は2.1g、20gなら4.2g。少ない量でたくさんの食物繊維が取れるから、野菜が苦手な人や食事量の少ない老人、子供の補給には最適である。不溶性の食物繊維が多く、セルロースやリグニンを含む。コレステロールの低下作用や腸内細菌叢の改善作用があり、動脈硬化やがんの予防によいと考えられる。

＜調理の戻し方＞

乾物は、乾燥することによって細胞が委縮するために、独特の歯ごたえが出る。水に長く漬けておくと水分を吸い過ぎるので、歯ごたえが悪くなるし、水溶性成分が抜けてしまうので、15分くらい水戻しし、しんなりしたら簡単に手で絞る。ゆで干しや、輪切り、小花切りなど種類によって戻し時間は異なる。

＜選び方と保存方法＞

乾燥状態が第一条件であるが、色はやや緑がかった白色の物で淡黄色系

Ⅱ　食の文化編　　99

が望ましい。製品をメーカー組合の在庫は冷凍庫にて保存しているが、包装して市販したものは切り干し大根に含まれるアミノ酸と糖が反応するため、褐変現象が起こる。さらに長く置くと、少量含む脂質が酸化して臭いが出てくるので、賞味期間は6か月間ぐらいを目途に判断する。梅雨時から夏にかけては変質しやすいので、その前に食べきるか、冷蔵庫保管が望ましい。多少の褐変現象が起きた製品でも、乾物は微生物が繁殖することはないので、食べても問題はないが、早めの処理がよい。

Column

　宮崎の平野部の冬の風物詩ともいえる切り干し大根の生産が始まる11月下旬～2月ごろ。青い空、霧島高原の吹き下ろしの風を受けた黒い土の背景に真っ白な干し大根の乾燥風景はとてもきれいである。秋の9月ごろに種をまくが、その後、台風によって被害が出ると、不作の年となる。価格の相場が変動し、消費地の近郊野菜として冬に不作になると相場が上がるなど、販売も難しい商品である。この時期、宮崎の特産であるツボ漬け大根を稲架かけの棚に大根を干している風景をつくり、大根一色になる季節である。

　淡泊な食材でもあり、特有の香りと甘みは若い人からも好まれ、居酒屋の付け出しなどによく登場する。乾燥によって組織が破壊されて大根のもつ酵素が働き、新たに甘味成分が形成されるためである。甘味は、大根に含まれるでんぷんから糖が生成され、4割増しになる。

　糖は戻し汁に溶け出し、30分間浸すと60%流出する。したがって、戻し汁は捨てないで、カツオや椎茸などとうま味、合わせだしと同じように使おう。甘味が強い分、甘味調味料を使わずに自然の味を楽しめる。加工方法によって茹で干し大根（長崎）、割り干し大根（岡山）、花きり大根（徳島）、丸きり大根（香川）、寒干し大根（岐阜県）、へそ大根（宮城県）などがある。

Ⅲ

営みの文化編

伝統行事

西都古墳まつり

地域の特性

宮崎県は、九州の南東部に位置し、東岸は日向灘に面する。県北部から南西部にかけて九州山地が広がる。鹿児島県との県境に近い都城盆地のほかは平地は海岸沿いにあるだけ。最大の平野は宮崎平野である。沿岸を黒潮が流れるため、気候は温暖である。だが、降水量は多く、梅雨や台風時にまとめて降るため、水害も多い。

古代の建国神話の舞台として知られる。江戸時代には、薩摩藩領と飫肥藩などの小藩領、幕府領などに分かれていた。各藩は産業開発に励んだが、交通の便が悪く土質にも恵まれなかったため、造林や製紙業以外はあまり発展をみなかった。大正末に鉄道が開通すると、ようやく工場が誘致されるようになった。戦後は、観光誘致も進んだ。

伝統工芸では、佐土原人形、碁盤・碁石、手すき和紙、都城の木刀・和弓などが知られる。

行事・祭礼と芸能の特色

神楽どころとして知られる。高千穂神楽、米良神楽・椎葉神楽・高鍋神楽・諸塚神楽など、主として農山村での伝承をみる。玄人芸化した高千穂神楽をのぞくと、素朴な古風を伝える。

人形行事は、都城市の文弥人形(国の重要無形民俗文化財)と弥五郎人形。弥五郎人形は、鹿児島の「弥五郎どん」と相通じるものである。

他の民俗芸能としては、荒踊(西臼杵郡)、神舞(西諸県郡)、臼太鼓踊(西都市)などがある。

主な行事・祭礼・芸能

青島神社裸参り　従来は青島神社(宮崎市)の冬祭(旧暦12月17日)にあわせて行なわれていたが、現在は、成人の日に

行なわれる。祭神である彦火火出見 尊 がにわかに 海 神 宮から帰還されたとき、村の人びとが歓喜して衣類をまとう暇もなく裸で海中に飛びこみお迎えした、という伝説にもとづく行事といわれる。

当日は、氏子のみならず全国から300〜400人の老若男女が集まる。そして、白足袋に白装束姿で青島神社前の海に入って 禊 を行ない、神社に参拝する。1月の寒風のなか海に入り身を清めるというこの年頭行事は、全国的にもめずらしい。

田代神社御田祭

7月3日、田代神社（東臼杵郡）の田植祭。古来、世襲制の家柄が祭事役（ミヨド・ウナリ・ノボリモチ）を務め、これに一般の参詣者が加わって行なう。

田代神社は、権現山（897.7メートル）の中腹に祀られており、まつり当日は、主祭神である彦火火出見尊の御神霊が上の宮田（神田）から中の宮田に降臨。神人・牛馬が一体となって神事が執り行なわれる。

その中心は、牛馬・神輿を神田に入れての田神事である。村の若者が泥しぶきをあげて牛馬を追い回し、さらに神輿もかつぎ入れて、文字どおり牛馬も人も神輿も泥まみれになって田をならす。とくに、牛馬が疾走するときの泥しぶきは畦道にいる参詣者にもふりかかり、身体中に泥しぶきの洗礼を受けることになる。

そのあと、田植神事が行なわれる。催馬楽（雅楽歌曲の一種）の歌われるなか、揃いの 絣 に笠をかぶった早乙女たちによる「御田植」が華やかに行なわれる。御田植に参加する早乙女は、村内の中学生や婦人会、また村外からも事前に選ばれる。御田植は、豊作成就を祈願するとともに牛馬安全をも祈願するもので、この神田の泥しぶきを浴びると参詣者も無病息災が約束される、といわれている。古来の田植神事がよく伝えられているとして県の無形民俗文化財指定を受けている。

宮崎神宮祭

10月26日〜29日、宮崎神宮（宮崎市）のまつり。宮崎神宮は、神武天皇の孫の建磐 龍 尊 が九州統治の命を受けたとき、宮崎に来て祖父の神霊を元の宮崎宮（宮居高千穂宮）跡に祀ったのがはじまり、と伝わる。古くは「神武天皇社」と呼ばれており、いまでも市民からは親しく「神武さん」と呼ばれている。そして、いつしか神武天皇の聖業をしのんで例年行なわれるこのまつりまでが、「神武さん」と呼ばれるようになった。

Ⅲ　営みの文化編　　103

まつりの中心は、御神幸式である。沿道を清掃して砂を敷き、祭神を奉安した鳳輦に、社殿を造営したときに地頭の土持信綱が馬上でお供をしたという例にならって鎌倉時代の騎馬武者がお供をする。ほかにも、県内各地から参加した舞踊団による踊りや仮装行列が続き、宮崎市最大の年中行事となっている。

高千穂神楽と椎葉神楽・米良神楽

宮崎県にはその数が減ったとはいえ、いまでもまだ350カ所あまりで神楽が演じられている。なかでも山間の高千穂神楽、椎葉神楽、米良神楽が霜月神楽（夜神楽）として名高い。それぞれに、国の重要無形民俗文化財に指定されている。

高千穂の夜神楽は、収穫感謝と豊穣祈願、また鎮魂儀礼として氏神に奉納されるもので、毎年11月末から翌年2月にかけて20余りの地区で33番から成る神楽が夜を徹して行なわれる。その源流は、少なくとも中世までさかのぼることができる、という。

同じ高千穂の夜神楽といっても、地区ごとに神霊の祀り方や演目の配列、芸能の内容などが多少異なるため、地元の人たちは、「野方野神楽」とか「浅ヶ部神楽」「押方神楽」などと地区名を冠して呼んでいる。

椎葉神楽は、東臼杵郡椎葉村内26地区で伝承されている神楽の総称で、11月から12月にかけて村の各所のまつりで行なわれる。狩猟儀礼や神仏混淆の形態が顕著である。宮崎県の神楽のなかでももっとも古風を残す神楽といわれる。

椎葉神楽に共通してみられるのが、「板起こし」といわれる一番である。たとえば、椎葉神楽のなかのひとつである尾前神楽。神座の中心に低い祭壇を置いて、その上に供えておいたイノシシの頭を俎板に下ろし、山刀で肉を切り竹串に刺す。そして、それを松明の火で焼く。焼いた肉は、参拝者に配られる。猪肉を分けるのは、本来は神に供えた供物をみんなでいただくことで村内の「固めの儀式」とするのだが、現在は村外からの参拝者にも配られている。

米良神楽は、日向灘に注ぐ一ツ瀬川の上流、東米良地方に伝わる神楽群のことをいう。なかでも、支流の銀鏡川をさかのぼった銀鏡地区で行なわれる銀鏡神楽が広く知られる。

銀鏡神楽は、銀鏡神社の大祭（12月12日〜16日）時に、境内につくら

れた外神屋（舞庭）で奉納される。神屋の正面には青、金、赤の御幣の下に軍扇と十数本の御幣で飾った高いシメ（神座柱）が立てられ、そのシメを中心に左右に枝葉の茂った椎の木を山形に立てる。神楽が舞われる頭上には、アマと呼ばれる天蓋が吊るされる。

　神楽は、13日に式三十三番のうちの最初の一番である「星の舞」だけが舞われる。印を結ぶなど修験色の濃い演目である。翌14日に、手力男神社や六社稲荷神社などからご神体が運びこまれ合わせて祀られ、その前で夜を徹して残り三十二番の神楽が奉納される。いずれの舞もそうした集落に祀る氏神様の御神体でもある神面をつけて舞うもので、そこにはほとんど演劇的要素はない。なかでも「西宮大明神」「宿神三宝荒神」「六社稲荷」「若男大神」「柴荒神」などは、まるで神が舞うがごとくに荘厳そのものである。

　なお、15日の午後には、猪狩りの狂言「ししとぎり」が、また、16日には銀鏡川の川原で「ししば祭」という獣魂を敬ってのまつりが行なわれるが、これは、いかにも山に生きる人びとの行事といえよう。

ハレの日の食事

　正月料理として、もっとも一般的なのが刺身である。鶏の刺身を食するところもある。また、あえて種のある干し柿を食べる。これは歯固めの意味がある、という。煮豆（うずら豆）もよく食される。これは、マメマメしく今年も働くということで、正月にはとくに欠かせない。

　盆には、冷し素麺が県下一円で食される。ウナギの蒲焼きは、山地で多く食されるが平地では少ない。

　秋まつりには、巻きずし、いなりずし、ばらずし、ちらしずしなどのすし類がよく食される。

Ⅲ　営みの文化編　　105

寺社信仰

宮崎神宮

寺社信仰の特色

　宮崎県は神道発祥の地ともいえる。それは『古事記』に、日本国を生んだ伊邪那伎大神が禊祓をした地が「竺紫日向之橘小門之阿波岐原」で、天孫の邇邇藝命が日本に降臨した地が「竺紫日向之高千穂之久士布流多氣」であると書かれており、この二つの「日向」が宮崎県を指すとされることによる。つまり、社（国津神／地祇）とは異なる神（天津神／天神）が日本で初めて重大な事跡を残したのが宮崎県といえるのである。

　禊祓発祥の地は宮崎市阿波岐原町にある江田神社（産母様）といわれ、天孫降臨の地は高千穂町ともいわれる。高千穂町の天岩戸神社にある洞窟は天照大御神が隠れた天石屋戸であるともいう。こうした神話の物語は、冬に行われる〈高千穂の夜神楽〉†で今も演じられている。

　宮崎市の青島神社は火遠理命（山幸彦）が綿津見神之宮から戻った地と伝え、火遠理命の息子が産まれたのが日南市の鵜戸神宮、孫の神武天皇が産まれたのが高原町の皇子原神社と伝える。天岩戸神社から皇子原神社まで、数々の日本神話の舞台を結ぶ「ひむか神話街道」が2003年に開通した。「宮崎」という名も、神武天皇が宮を置いたとされる宮崎市の宮崎神宮の地が、大淀川と日向灘に挟まれた崎であったことによるのであろう。「日向」は太陽信仰を想起させる名で、「さざれ石」で知られる日向市の大御神社は、伊勢ヶ浜で皇祖天照大御神を祀っている。

　天孫降臨の地は高原町にある高千穂峰であるとも伝える。霧島山の一画で、頂上には天逆鉾が刺さっている。霧島六社権現のうち小林市の霧島岑神社や都城市の東霧島神社など5社は宮崎県内に鎮座しており、修験山伏の道場としても栄えた。

　県内には式内社が4座あるとされ、江田神社と霧島神社のほか2座はともに児湯郡にあり、都農町の都農神社は日向一宮、西都市の都萬神社は日向二宮で日向総社とされている。

凡例　†:国指定の重要無形／有形民俗文化財、‡:登録有形民俗文化財と記録作成等の措置を講ずべき無形の民俗文化財。また巡礼の霊場（札所）となっている場合は算用数字を用いて略記した

主な寺社信仰

椎葉厳島神社

椎葉村下福良。上椎葉の鎮守。市杵島姫命（厳島大明神）を祀り、素盞嗚命を合祀する。平家落人の追討で当地に進撃した那須与一の弟大八郎宗久が、彼らの帰農した姿を見て追討を止め、屋敷を構えて農耕技術を教え、平家の氏神を勧請したのが始まりと伝える。宗久は平清盛の末孫鶴富姫と結ばれ、その子孫が那須下野守を名乗って代々庄屋を務めたという。庄屋が住んだ那須家住宅（国重文）は鶴富屋敷と親しまれている。11月に例祭、12月に夜神楽祭を営む。村では毎年11〜12月に各鎮守の大祭が営まれ、夜を徹して〈椎葉神楽〉†が演じられている。上椎葉では鶴富屋敷を御神屋（神楽宿）として高天原（神座）を設ける。椎葉はかつて〈日向の焼畑習俗〉‡が盛んで、その民俗は隣接する椎葉民俗芸能博物館や、民謡の稗搗節にうかがい知ることができる。

三ヶ所神社

五ヶ瀬町三ヶ所。宮の原に鎮座。伊弉諾命・伊弉冉命を主祭神とし、瓊々杵命・猿田彦命・菅原道真公を合祀する。昔は二上大明神と崇められた。天孫降臨の地と伝える二上山は男岳と女岳から成り、男岳の南面9合目に奥宮がある。三ヶ所の名は、廻渕の鏡山、室野の明神山、坂狩の中登岳の三つの山に鏡石があり、それらを神体とする鏡石大明神を祀ったことによるという。9月の例大祭には〈五ヶ瀬の荒踊〉†が当社と中登神社、坂本城址（荒踊の館）で奉納される。武者装束で槍・弓・鉄砲などの武器を持って踊るもので、坂本城主の坂本正行が天正（1573〜93）年間に創始、または近江国坂本から伝来したと伝える。慶長（1596〜1615）年間に、正行の孫の正次（浄土真宗本願寺派炎王山専光寺開山釈休覚）が守護神の二上大明神に奉納する例を定めたという。

神門神社

美郷町南郷神門。小丸川上流に鎮座。禎嘉王や大山祇神を祀り、正倉院御物と同范の六花鏡を蔵する（隣接する「西の正倉院」で展示）。昔、百済に大乱が起こり、禎嘉王の一族は難を逃れて海を渡り、日向の嘉口（高鍋町蚊口、小丸川河口）に漂着したという。王妃の之伎野はそこで没して大年神社に祀られ、子の福智王は小丸川中流の比木神社（火焚大明神）に祀られたという。旧暦11月には大年下りと

Ⅲ　営みの文化編　　107

して比木社の神体（袋神／花笠）が大年社へ巡行し、旧暦12月には〈日向南郷神門神社・木城比木神社の師走祭り〉‡として、袋神が日向市の金ヶ浜から耳川を遡り、東郷町の伊佐賀神社を経て当社へ巡行する。神門の人々は櫓28基に篝火を焚いて迎え、翌日は社の裏山で山宮参りをし御哭（哀号）を捧げる。還御には灰黒（鍋墨）を顔に塗り、笊筒を振って見送る。

御頭神社

延岡市北川町川内名瀬口。1527年、謀略により悲憤の最期を遂げた栂牟礼城主佐伯惟治を祀る。三川内の尾高智山で自害した主君の首を抱き逃げ延びた家臣が当地で休息したところ、玄圃梨の木に掛けた首が動かなくなったため、地神経寺（宝泉寺）の住職が読経供養して境内に手厚く葬ったのが始まりという。尾高智山の字橋ヶ谷には胴体を祀ったという尾高智神社が、字梅木には刀を祀ったという鴟尾神社がある。寺は廃れたが、盲僧が祭祀を続け、頭の病や血の病に効く神様として信仰を集めてきた。現在は学問の神様として合格祈願に参詣する人が多い。昔、川内名や三川内では〈北川上流域の農耕習俗〉‡が盛んで、鴟尾権現を祀る字多良田でも、早稲植祭など数多くの農耕儀礼が営まれた。

銀鏡神社

西都市銀鏡。1489年、米良（吉良）兼続が米良山中の龍房山で得た白鑞の鏡を神体として磐長姫と大山祇神を祀ったのが始まりという。その鏡は迩々芸命が親元に帰した磐長姫が姿を映すのを厭って捨てたと伝える。祭神は西之宮大明神とも伝え、懐良親王を祀るともいわれる。12月の例祭には12日の門〆、13日の星祭に続き、14日夜に宿神社・六社稲荷社・七社稲荷社・手力男社・若男社の神々を迎えて〈米良神楽〉†33番が奉納される。鵜戸山道場由来の神楽と伝え、猪跡切や地舞など狩猟や焼畑を表現するものもある。舞台（外神屋）の逥の真下には、氏子が奉納した猪の頭部がズラリと並ぶ。米良地方は昔、狩猟や焼畑が盛んで、〈東米良の狩猟用具〉†が西都市歴史民俗資料館に、〈西米良の焼畑農耕用具〉†が西米良村歴史民俗資料館に収められている。

南方神社

西都市南方。一ッ瀬川下流右岸、島の内に鎮座。すぐ上流にある杉安峡は「日向の嵐山」とよばれる景勝地である。また、南には国宝の金銅馬具などが出土した約300基の古墳から成る国特別史跡「西都原古墳群」が広がっている。若宮大明神と崇められ、現在の祭神は素戔嗚命とも建御名方神ともいわれる。1874年、樹齢千年といわ

れる国天然記念物「上穂北のクス」が樹勢を誇る当地へと遷座した。例祭は11月18日で穂北神楽が奉納される。旧暦6月15日にはキンナラ様（手名槌命・足名槌命）と称する面を戴く舞があり、その振舞で風雨を占ったという。旧暦8月1日には五穀豊穣・水難火難除けに〈下水流の臼太鼓踊〉‡が奉納される。加藤清正の戦術に由来すると伝え、和紙を飾った高さ3mの竿3本を背負った踊り手16人が、胸に抱えた臼太鼓を打ち鳴らしながら躍動的に踊る。

霧島東神社

高原町蒲牟田。高千穂峰の東中腹、御池を見下ろす地に鎮座。天孫瓊瓊杵尊が降臨した際に最初に祖先神を祀った場所と伝え、伊邪那岐尊と伊邪那美尊を主祭神とし、天照大御神や天忍穂耳尊を配祀とする。高千穂峰の頂も境内であり、社宝の天逆鉾が聳えている。これは当社主祭神が高天原から日本国土をつくった際に差し下ろした天沼矛とも、天孫が降臨の際に天照大御神から授かった鉾とも伝えられている。別当は千手観音を本尊とする錫杖院で、性空上人が開いた霧島六社（所）権現の一つ霧嶋山東御在所両所権現として、山伏たちの拠点であった。例大祭は11月8日・9日。12月には社家の年中行事として〈祓川の神舞〉‡33番が行われている。昔は旧暦11月16日に氏子宅を神楽宿として庭先に御講屋を設置して行われていた。不浄を祓う真剣を持って舞う勇壮な舞が多い。

狭野神社

高原町蒲牟田。日本国初代天皇の神日本磐余彦天皇（神武天皇／狭野尊）を祀る。高千穂峰（霧島山）の東麓、神武天皇が産まれた狭野（皇子原）の地に創建されたと伝える。1915年、宮崎神宮の別宮となった。古くは狭野大権現と崇められ、霧島六所権現に数えられた。別当は東叡山輪王寺宮直末の神徳院で、慶胤仙人開創と伝え、本尊は千手観音であった。2月18日の〈苗代田祭〉は田遊びの一種で、「ベブ（牛）がハホ（妊婦）」と親しまれる。5月16日に御田植祭、10月23日に例祭がある。12月（昔は旧暦9月16日）の神楽は霧島東神社の神楽とともに〈高原の神舞〉†とよばれ、舞庭に御幣で飾った高い柱を3本の立て、その前を3間四方に注連縄で区切り、鳥居を設け、莚を敷き詰め、二十数演目を徹夜で舞う。

諏訪神社

国富町八代北俣。北俣川の北、若宮地区に鎮座。事代主命・建御名方命・磐長姫命を祀る。下流にある森田地区

Ⅲ　営みの文化編　109

（三名川への合流点付近）に信濃国諏訪大明神の分霊を勧請したのが始まりと伝える。1585年7月27日、福島佐渡介秀安ら郷民300名が当地へ遷座し、国家安泰・無病息災・家内安全を祈願して、梯子など手近な道具で踊りを奉納したのが〈バラ太鼓踊〉の起こりであるという。1600年には島津義弘が福島家に立ち寄り代参、神領を寄進している。神紋は島津家と同じ「丸に十の字」である。8月の例大祭には氏子の青年が太鼓踊の奉納を続けている。踊子は1週間別火斎戒沐浴し、白浴衣に黒帯姿で背に長さ3mの矢旗を背負い、黒塗のバラ（竹筅）を貼り合わせてつくったバラ太鼓を腹に着け、鉦頭の唄と鉦の音に合わせ、木の棒で太鼓を打ち鳴らしながら勇壮に舞う。

宮崎神宮

宮崎市神宮。初代天皇の神武天皇とその両親を祀る。県内で最も初詣参拝者が多く、例年20万人を超える人気を誇る。神武天皇の孫の健磐龍命（阿蘇神社主祭神）が皇宮屋で祖父を祀ったのが始まりで、日向国造祖の老男命が祀り、1197年に当地へ遷座したという。市内下北方町にある皇宮屋は神武天皇が15～45歳を過ごした地で、天孫瓊々杵尊が崩御した地と伝える。神武天皇社や神武天皇御廟ともよばれた。紀元2600年記念で奈良県の橿原神宮（神武天皇即位地創建）に次ぐ規模の整備がなされ、神武天皇崩御日の4月3日の神武天皇祭に流鏑馬が復興された。社殿の背後には宮崎県総合博物館があり、76%が森林に覆われた宮崎県で多彩な展開を遂げた山村生産活動の全容（実態と変遷）を知ることができる〈日向の山村生産用具〉[†]2,260点などを収蔵展示している。

安楽寺

都城市山之口町。浄土真宗本願寺派。1856年、宮崎郡清武郷に飫肥藩主が創建し、1893年に当地へ移転した。初代住職の佐々木深道（大学）は、念仏禁制の薩摩（島津）藩内で徹底的に弾圧された一向宗（浄土真宗）門徒を助けるため、命懸けで潜入しては伝道し、寺に匿った。維新後も弾圧は続き、1870年には上田伝兵衛が念仏の指導者と発覚して刑死した。境内の殉教之碑は島津に殺された門徒を供養するものである。碑の前には5枚の拷問石が残る。容疑者を割木や十露盤板の上に正座させ、腿の上に重い石板を重ね載せて自白を強要したのである。寺から南へ1kmほどの田島には隠れ念仏洞（ガマ）が残され、苛烈な歴史を物語っている。山之口は交通の要衝で、参勤交代で郷士が伝えたと

いう〈山之口の文弥人形〉†が人形浄瑠璃資料館を中心に伝承されている。

田ノ上八幡神社

日南市飫肥。彦火々出見尊や神功皇后、応神天皇を祀る。大隅国桑原郡の稲津弥五郎が大隅一宮正八幡（鹿児島神宮）の神体を背負い来て楠原に祀ったのが始まりで、1588年に飫肥初代藩主の伊東祐兵（報恩公）が楠原の神体を飫肥城の鬼門守護として当地に遷座したと伝える。1872年、近隣の大将軍や糺大明神などを合祀して板敷神社と改称、1891年に現称とした。昔は旧暦10月25日に例祭が営まれ、流鏑馬2頭が祭を盛り上げ、竹籠を編んだ高さ7mの巨大人形「弥五郎様」が町内を練り歩いた。流鏑馬は廃れたが、弥五郎様は今も11月の秋祭り（ホゼ）に登場し、都城市山之口町の円野神社（的野正八幡宮）の弥五郎殿とともに〈日向の弥五郎人形行事〉‡と称されている。巨大な人形を祭礼行列の先導とする行事は日向・大隅地方に特徴的にみられるものである。

伝統工芸

都城大弓

地域の特性

　宮崎県は、九州の東南部に位置する。北に祖母山、南には高千穂の峰を含む霧島火山群など標高1700m級の山々に囲まれている。山地は森林や竹林に覆われ、山中には、平家の落人伝説をもつ村や、盆地や棚田などがある。山々から大淀川を始めとする河川が発し、宮崎平野などを経て日向灘に注いでいる。

　宮崎県の西都市には、5世紀に繁栄した人々の墓（古墳）が300基以上点在している。昇る日に向かう海、日向灘に面し、日向の国と呼ばれたこの地は、古代から住みやすいところであったと思われる。

　祖母山南麓の高千穂郷・椎葉山地域は、世界農業遺産に認定されている。近代農業の生産性偏重がもたらす環境破壊や地域文化の消失に警鐘を鳴らし、地域の環境を保つ農業社会の保全・継承に取り組む役割を担ったのである。そこには、地元のタケや木を用いた伝統工芸や、夜神楽などの伝統芸能が継承されている。

　サーフィンの国際大会が行われる日向市の浜は、最高級の碁石をつくる貴重なハマグリの産地でもあった。

　霧島連山の麓にある都城市は、鹿児島県に接し、薩摩藩領であったことから薩摩の文化の影響を受けてきた。伝統工芸の本場大島紬は、奄美大島から技法が伝えられたともいわれ、鹿児島県とともに国の伝統的工芸品の製造地域になっている。

　「日本のひなた」と謳われる温暖な宮崎県では、山と海の恵み、人々の交流の中で伝統工芸が育まれてきた。

伝統工芸の特徴とその由来

　宮崎県を代表する伝統工芸である「都城大弓」は、地元の豊富な竹材

を用いて製造が始められたとされる。鹿児島県の弓師の高度な技を継承し、国内の竹弓の9割を生産している。都城市は、島津家発祥の地であり、古武士の気風が強いといわれる。宮崎県には、弓矢、木刀、竹刀、剣道防具や象嵌など武道にかかわる県指定の伝統工芸がある。

　江戸時代の都城市は、林業が盛んであり、ケヤキやクワなど多種類の樹木を活かした「宮崎ロクロ工芸品」がつくられるようになった。当時、都城を治めていた都城島津家は、薩摩藩から陶工を招いて陶器をつくらせた。都城の土を用いたことにより、薩摩にはない趣の「小松原焼」が生まれた。

　高千穂町や椎葉村では、山間の豊穣を願う暮らしの中で、神話の伝承に基づく舞が伝えられている。舞手がつける神楽面は伝統工芸である。

　竹細工や野鍛冶、木工などによる山仕事や農業、家事の道具もつくられた。東諸県郡国富町の法華嶽薬師寺には、いつの頃からか、祭礼のときに「うづら車」が売られるようになった。本体はタラの木、小松の丸木を輪切りにして脚車とした伝統の工芸玩具である。宮崎市の久峯観音にも同様の工芸品「久峰うずら車」がある。

　宮崎県の名産、ヒュウガナツやキンカン、マンゴーなどの果物には、南国の香りが漂う。南国の陽の光のもと、日本最大級の照葉樹林のある綾町には、日本古来の蚕である小石丸を育てている工房がある。訪ねてみたい伝統工芸の多い県である。

知っておきたい主な伝統工芸品

都城大弓（都城市）

　都城大弓は、2mを超す大きな弓である。色は飴色。数個所にフジが巻かれ、握る個所には鹿皮がついている。一つも無駄のない緊張感のある形に、実は一人のつくり手の200工程に及ぶ伝統の手仕事が詰まっている。

　材料は、マダケとハゼノキ。タケは11〜12月に竹林で選び採る。割って数カ月乾燥させた後に炭火で炙り、浮いてくる油を拭く作業を飴色の煤竹になるまで繰り返すと復元力が強くなる。部位に応じた火入れをし、芯になる竹を薄く削る。薄くした竹を数枚重ね、ハゼノキと張り合わせる。

　芯以外に、張り合わせた弓芯をはさむ弓竹や、弦を掛ける部分などをつくり、弓芯に取り付ける。これを約100本の楔で締め付けながら弓に反りをつけ、楔をはずして形を整え、フジを巻いて仕上げる。

Ⅲ　営みの文化編　　113

都城市は、鎌倉武士の気風が強く武道が奨励され、また、高品質のタケがある土地であった。江戸時代初期には、製造方法が確立されたとされている。明治時代に、鹿児島の川内からタケを求めて来た弓師の楠見善治が、この地に住み今日につながる職人たちを育てた。

　鉄砲の出現により、弓は16世紀に武器の役割を終えた。その後は、弓道は一人で的と向き合う武道として修道するものとなり、都城大弓の愛用者は現在も多い。また、同じ伝統の技法により、魔除けとして新築の家などに飾る破魔弓（錦弓）もつくられている。

宮崎ロクロ工芸品 (都城市)

　棗（茶道において抹茶を入れる容器）や香合などの茶道具や、茶筒や茶托、盆など暮らしの定番に加えて、ワイングラスなどの新商品やプロの使う寿司鉢など、宮崎ロクロ工芸品の幅は広い。

　いずれも、自然の木1本1本がもつ木肌や杢目、色調を轆轤で形づくり、滑らかに輝かせるところに特徴がある。材料の選定から、轆轤、塗りなど全工程を一人でこなすつくり手が多く、形や杢目の活かし方にその人となりが表れる個性的な作品に魅力がある。

　例えば、クワやクロガキ（黒柿）などの貴重な材を用い、穴あけの加工に集中して制作された碁笥には、宮崎県の伝統工芸の一つ蛤碁石を入れるのにふさわしい気品が漂う。

　宮崎ロクロ工芸品の材料は、都城市の木でもあるケヤキのほか、カエデ、クワにイチョウなど多種類に及ぶ。工芸品に適した良材の選定から職人の力量が問われる。全体に荒く削り、半年以上自然乾燥させる。寸法を決めて木取りをし、轆轤に留め、つくり手自身がつくった「マガリ」と呼ばれる刃物を当てて製品の形を削り出す。表面を磨き、ロウや透漆を引くなどして仕上げる。

小松原焼 (都城市　※現・宮崎市)

　小松原焼は、「蛇蝎」や「鈍甲肌」「梅華皮」などと呼ばれる不思議な陶肌に特徴がある。力強く重厚で存在感のあるやきものだ。蛇蝎の陶肌は盛り上がり、細かな割れが生じている。カエルを意味する鈍甲肌は、ぬめりのあるぼってりとした雰囲気。刀剣の柄に巻くエイの皮を指す梅華皮は、鮫肌のような縮れをみせる。都城の鉄分の多い土に、さまざまな釉薬を組み合わせて焼成する技法により生じた姿である。

その始まりは、文禄・慶長の役の際に朝鮮から薩摩に移され、苗代川系（鹿児島県日置郡周辺の流派）の薩摩焼を継承していた朴家が、1860（万延元）年に、都城島津家に招かれ、小松原に開窯したことにある。

明治時代には、窯をもつ人々が増え、大正時代に飯田広輔という珍しい作風の作家が現れたが、第二次世界大戦中に途絶える。1971（昭和46）年に宮崎市で再興されたが、15代目の朴氏を最後に再び途絶えようとした。

このとき、朴氏を慕う地元の人たちによるクラウドファンディングなどをきっかけに、後継者が現れた。現在では、小松原焼は、最新のコミュニケーション・ツールも利用して、使い手の声を聴きながら、自由な着想で面白い陶器を産み出している。

高千穂神楽面 (西臼杵郡高千穂町)

もともと、高千穂神楽面は、夜神楽の舞い手がつける神聖な面である。高千穂では、11月中旬〜2月上旬にかけて、町内約20の集落で、秋の実りへの感謝と豊穣を祈るため、夜通しで三十三番の神楽を奉納する慣習があり、その一部の演目に面を用いる。

例えば、怒って天岩戸に籠った天照大神に対して、面白おかしく舞いを舞う天鈿女命のどことなく愛嬌のある白い面。天照大神が岩戸から舞を覗き見た瞬間に引きずり出した天手力雄命の、目を見開き、雄たけびを上げているような赤い面。いずれも、瞬間の表情が生き生きと捉えられている木彫りの面である。

舞手用の面は、桐の厚い板から手彫りで軽いものに仕上げる。眉間のしわの寄せ方や深さを意識して彫る技術は高く評価されている。舞手用のほかに、主に香りのよいクスノキを用いて制作される装飾用の面もある。また、つくり手は神楽面の修理も行う。

高千穂の夜神楽の起こりは、12世紀後半と推定されており、国の重要無形民族文化財に指定されている。

かるい (西臼杵郡日之影町)

日之影町は、大分県との県境近くの峻険な山と川、棚田の町で、9割を山林が占めている。山村の暮らしは、周辺の5町村とともに世界農業遺産の認定を受けている。

「かるい」は、この地で「背負う」という意味の「からう」という言葉にちなむ、竹で編んだ背負い篭である。蓋のない竹のリュックサックのような

もの。弁当や鎌、刈った草や採ったキノコなど何でも入る優れもので、山や棚田に出向くときの必需品だ。背負っているから両手が自由に使えるし、軽いから運搬も楽なため作業もはかどる。逆三角形の独特な形状は、間口の広い上からどんどん物を入れ、いっぱいになると上部が重くなるので、身体への負担が少ないという利便性と美しさを備えている。

　マダケを選び、乾燥させ、竹割りをする。そこから竹ひごをつくる工程が最も難しく、肝心なところである。的確に整えられたひごを編み、縁を巻いて仕上げる。連雀と呼ばれるかるいの肩掛け部分は、藁で編む。すべてが手作業のため、大きさや形状の相談が可能である。つくりたては、新緑のような青竹色だが、陽に焼け、雨に打たれて、ベージュから焦げ茶色へと変化する。

日向はまぐり碁石 (日向市)

　蛤碁石は、ハマグリを剝り抜いてつくる白い碁石である。厚みがあり、組織は緻密で、光にかざすと美しい縞目がみられる。見た目が美しく、手に馴染み、打ち心地もよい最高級の碁石と認められている。

　碁石をハマグリでつくるようになったのは17世紀後半。桑名（愛知県）産などを大阪で加工していた。明治時代中期、富山の薬売りが大阪に持参したことから日向のハマグリが使われるようになり、日向の人が大阪で技術を習得して戻り、日向でも蛤碁石をつくり始めたという。

　日向のハマグリは通称「スワブテ蛤」といわれ、貝殻全体に厚みがあるが、現在は絶滅寸前で、採取が禁じられており、メキシコ産ハマグリが用いられている。貝を剝り抜き、寸分たがわぬ形に仕上げる職人技により、円盤状の玉に磨き上げられて碁石となる。

　スワブテ蛤には伝説がある。貧しい旅僧が、浜で貝拾いをするおばあさんに「少し分けて」と頼むと「石しか採っていない」と断わられる。僧は次の浜で貝拾いをするお倉ばあさんにも頼むと「どうぞ」と応じてくれた。実は、旅僧は弘法大師（空海）で、親切な「お倉ばあさん」の浜ではその後も立派なハマグリが採れたが、ハマグリを独り占めしたおばあさんの浜ではハマグリがまったく採れなくなったという。現在はお倉ヶ浜のハマグリも危機に瀕してしまったが、自然を保護しつつ使用可能なハマグリと伝統の技法から、新感覚の碁石づくりが始められている。

民　話

地域の特徴

　宮崎県はよく「太陽と緑の国」とたとえられ、昭和30年代・40年代は新婚旅行のメッカとして人気を博していた。九州山地と鰐塚山地が冬の季節風をさえぎり、温かい黒潮の流れとあいまって、温暖な気候で南国情緒があふれているからである。山系では、県南から鹿児島県境に連ねる霧島連山が活火山として有名で、特に新燃岳と御鉢は活発に噴煙を上げている。

　このような自然概況であるが、人類の足跡は古く、五ヶ瀬川流域、宮崎平野には旧石器時代遺跡も発見されているし、縄文時代遺跡は草創期から晩期に至るまで、期ごとの特徴をもつ遺物が発掘され研究が進んでいる。縄文遺跡としては三幸ヶ野第二遺跡（串間市）の集石遺構は特筆されるであろう。弥生時代、それに続く古墳時代遺跡も多く、特に西都原古墳群は、復元整備されている。

　県南は、『日向国風土記（逸文)』『古事記』『日本書紀』で有名な天孫降臨神話の舞台で、高千穂神社、天岩戸神社、天安河原は、現在も多くの参詣者でにぎわっている。高千穂夜神楽は国の重要無形民俗文化財に指定されている。

伝承と特徴

　隣県鹿児島県の民話調査が他県に先駆けていたのに比べて、同じ南九州文化圏の本県の民話調査は遅れをとったが、戦前の資料としては『日向の伝説』『亡びゆく日向の伝説』『日向路めぐり』『日向馬関田の伝承』などが挙げられる。戦後の調査では『日向今昔物語』『日向民話集』『日向の民話』『半ぴのげな話　日向の昔話』『塩吹き臼』『日向民俗』22・23、『郷土の歴史』（日南高等学校郷土研究部)、『ふるさとの民話』などが代表的な資料集である。

　上記の『半ぴのげな話　日向の昔話』という書名について説明すると、「半

Ⅲ　営みの文化編　　117

ぴ」というのは有名なとんち者の名で、「げな話」というのは「昔話」を意味する宮崎方言である。現在の語り始めは「昔の話じゃ」などであるが、かつて「昔あったげな」と語り始めた名残であろう。県中部では「～という話じゃげな」と語り収める地域もある。本県では「半ぴ」のほかに、飫肥地方では「徳蔵」、高千穂では「万太左衛門」といったとんち者が活躍している。語り収めは、「と申すかっちり」「と申す米ん団子」「という話じゃげな」「これぎりの昔」などが報告されている。

　本県には「話は庚申、歌二十三夜」ということわざがあり、庚申待ち、二十三夜待ちの夜が伝承の場になっていたことがわかる。「竜宮女房」「蛇女房」「地蔵浄土」などの本格昔話の他に、「河童」の伝説、「半ぴ話」などの巧智譚なども豊富に収集されている。

おもな民話（昔話）

龍宮のみやげ

　九州は龍宮話が豊富だが、本県の話は聞き耳頭巾譚となっていて興味深い。西都市では、「父が病死し、息子が花や薪を売って細々と暮らしていた。ある日売れ残った花を龍宮様にと川へ投げやって、水神堂で横になって休んでいたら、龍宮世界のお姫様が来て花の礼を言い、左右の耳たぶに油をさしてくれた、と思ったら目がさめる。帰ってくると、烏が「庄屋の娘が大病人、やかた（家）の大黒柱の下に、雨の降るとき地搗きをして、大きなわくど（蛙）が押し込まれて出られんげな。ね石をのけてじわりじわり掘って、わくどを北さね逃がしたら病気が治る」というのが聞こえる。帰って母に話し、庄屋を訪ねて言われたとおりわくどを逃がすと、庄屋の娘は全快し、息子は娘の恩人として母とともに養子にもらわれ、よい暮らしをした。下から上を向いての養子はむずかしいが上から下の養子はやすいという」と語る。

　宮崎市では、「漁師が子供のいじめている亀を金で買いとって海へ逃がしてやる。亀は手を合わせるようにして去ったが、潮が満ちてきて漁師が困っていると、夫婦の亀が船を押して現われて漁師を乗せ、龍宮世界へと案内する。漁師はてあつくもてなされ、帰るときみやげに烏の聞き耳という頭巾のような物をもらう。そのころ殿様が重病にかかって、法者どんが願をかけても治らない。漁師が烏の聞き耳で聞くと烏が「悪党が御殿をのっとろうとして御殿の床の下に隠れている」と言っているので御殿に知ら

せ、床の下を掘ったら蛇となめくじととくろ（がま）がにらみ合っている。それをとり除くと殿様の病気は本復し、漁師はたくさんの扶持をもらった」（『塩吹き臼』）と語る。

姥捨て山

本県では、「姥捨て山」の昔話をよく聞くことができる。

北郷町では、「六十になると老人を捨てなければならないので負って行くと、行きがけに老人が枝を折って行く。老人をおいて帰り道がわからなくなるが、枝の折ってある所をさぐって帰ることができる。これほど知恵のある母親を捨てるに忍びないとまた連れ帰って納戸に隠しておく。村の間の知恵くらべで『灰でのうた縄を出せ』という難題が他村から言われ、『できなければ水をやらない』と言う。村人が協議をするがわからない。こっそり婆に聞き、縄をない、塩水につけて火をつけて焼く。それを持って行って勝つ。つぎに『叩かなくても鳴る太鼓を持ってこい』と言われ、婆に聞いて太鼓に熊蜂を入れて持って行く。その男はそのため村の長になり、難題を解いたわけを打ち明け、それから親を捨てないようになった」（『日向民俗22・23』）と語る。

「枝折り型」プラス「難題型」の姥捨て山の話で、宮崎県には多い。

すねこ太郎

神仏に願掛けして生まれた小いさ子が、鬼退治をするという話は桃太郎だけでない。山形では五分次郎が有名だが、本県では「すねこ太郎」が活躍している。

すねこ太郎は一寸法師と同じように、おわんの舟で鬼が島にむかう。すねこさんに、子が生まれたはなしじゃ。昔、じいさん、ばあさんがおって、子どもはおらんかったげな。ふたりは、子が欲しかった。それで、じいさんばあさんは、観音菩薩を信仰して、願をかけたげな。観音さんは、百段あがって、百段おりて、石だんがきつかった。それでん、毎日参っておった。ふたりは、夫婦ゲンカもせんで、口論もせんかった。それでん、子はなかなかできんかったげな。ある日、百段あがって、百段おりる途中に転けて、スネをけがして、スネが痛くなったげな。すると、すねこがだんだんふくれて、十月の神が受けとって、おすねこ（すね）から、かわいい子が生まれたげな。皮をひらいて頭が出て、「痛い、痛い」というと、右のすねこから、こんまい人形さんのような子ができた。「こりゃ、観音さまのさずかり子じゃ」、じいさんばあさんは、そんげいうてよろこんで、その男の子に、産湯をつかわせて、半紙の上で拭いてとりあげた。眉は絵に

Ⅲ　営みの文化編　　119

描いたごつ、美しい顔だちの子じゃった。それから、ばあさんは、重湯を
つくって、鳥の羽をむしって、それで呑ませたげな。三月四月——たって
も、すねこは大きくならんかったが、二年三年たつうちに、十五、十六く
らいの大きな子のようなコトバをつかうごつなった。

　そのころは、タカシロビキ（殿様蛙）ぐらいの大きさになっていて、「じ
いさん、おわんの舟にのって、お箸のカイで鬼が島に行く」というた。そ
れから、観音様のお札を、帆になるごつして、おわんの舟で、風にふかれ
て川をくだっていったげな。それから、すねこ太郎が鬼が島につくと、赤
オニ、青オニがそうどうして、「人くさい人くさい」というたが、すねこ
太郎は、鬼のサシハマ（高下駄）の下にかくれちょった。それから、すね
こ太郎は、鬼たちの弟子入りをして、鬼たちの好きなごつ、はたらいたげ
な。そして、鬼が島にある、打ちでん小槌をつこうてもろて、「一人まえに、
五尺あまりの人間にしてくれんか」「そりゃ、心やすいが、なして（なぜ）
早よういわんかったかよ」というて、きれいな男まえの五尺の男にしても
ろた。それから、すねこ太郎は知恵があったかい、鬼たちにいろいろ仕事
をおそえて、鬼たちもよろこんでいたげな。そして、鬼が島で三年たった
時、また鬼たちに願い出て、「おれはすねこから生まれた子じゃったが、
里にかえって、じいさんばあさんをよろこばせにゃならん」というたら、
鬼たちが舟をつくてくれたげな。そして、その大きな船にのって、観音さ
まのお札を持って、それかい鬼たちは、「おまえに、打ちでん小槌はくれ
るわい」というたかい、すねこ太郎は、青オニ、赤オニたちにはいつくば
って礼をいうた。それから、すねこ太郎は、じいさんばあさんところさね
帰った。じいさんばあさんはよろこんで、「大きくなったわい。観音さま
のさずかり子は大きくなったわい」というて、打ちでん小槌で、いい物を
出して分限者どんになったげな（『塩吹き臼』）。

　この西都市の「すねこ太郎」は、鬼征伐とは反対に、鬼たちと深い友好
関係を結び、おみやげに打ち出の小槌をもらい分限者になって、じいさん
ばあさん孝行をしたという話である。

おもな民話（伝説）

千石岩と鬼岩　　鬼や巨人が、石や岩に足跡を残したとする伝説は全国
的に流布している。えびの市には巨大な鬼が霧島に行っ

た跡に、その爪痕が残ったのが、牧之原の鬼岩である。

　牧之原には千石岩と鬼岩といわれる二つの大きな岩がある。千石岩は北の山一番の親石であり、地上に現れている岩の中ではもっとも大きな石であるといわれる。明治時代から大正時代、小学校生徒の恒例の遠足の場所は、必ず千石岩ときまっていた。それほど景色もすぐれていて気持ちのはればれするところでもあった。この千石岩はその根を麓の炎谷に出しているので、どんなに川内川が烈しい水勢で突き当たってもビクともしないのだといわれる。鬼岩もまた牧之原にある。昔、鬼がこの岩の上から真幸盆地を一またぎして霧島に行ったといわれ、その鬼の足の爪跡といわれるくぼみが岩の上に残されている。牧之原の篠原家は鬼岩の篠原さんと俗にいわれているが、それはこの鬼岩が近くにあるからである（『えびの市史』）。

法華嶽の薬師と和泉式部

　和泉式部は平安時代の女流歌人であるが、伝説上の姿は、漂泊、病などのイメージがつきまとう。東諸県郡国富町の伝説も、式部が病平癒のために薬師如来に祈願にやってきたと語っている。

　八代村に法華嶽という山があり、薬師如来を祭ってあるこの薬師は参河の鳳来寺の薬師、越後の米山の薬師と共に日本三薬師と称せられている。昔、上東門院の女房和泉式部は癩を患って京の清水観音に参籠した。その時日本の三薬師に参籠して祈れとの霊夢を見た。そこで式部は先ず越後に行き次に参河に行き最後に日向に来って法華嶽の薬師に参籠した。彼の女は昼夜にみ仏を念じた。しかし何の験も見えない。式部は我が身の業因を嘆き、「南無薬師如来病悉除の願を立てて身より仏の名こそ惜しけれ」、かく一首の歌を詠んで道場の南涯に身を投じた。気絶した彼女は怪しき人が手を取って、「村雨は唯々一時のものぞかし己が蓑笠そこに脱ぎおけ」といったのを聞いて息を吹き返した。かくて式部は重瘡平癒し再び玉の姿となって京に帰った。今も彼の女の翫賞したと伝える一面の琵琶が遺っている（『日向の伝説』）。

　宮崎市佐土原鹿野田村の氷室山の腰に式部塚がある。そして鹿野田村では、毎年3月3日に式部の忌日だといって祭祀を行うという。

おもな民話（世間話）

おどけもの話

九州のとんち者といえば、又兵衛（福岡県）、八兵衛（長崎県）、勘右衛門（佐賀県）、吉四六（大分県）、吉五（大分県・福岡県）、彦市（熊本県）、日当山侏儒（鹿児島県）、もーい親方（沖縄県）が有名だが、宮崎では「半ぴ」が活躍している。

昔、日向の跡江に半ぴどんというトンチ者がいたげな。ある日のこつ、半ぴどんが高岡の外記どんかたへあそびけ行ったげな。「外記どん、大けな話くらをすうや」、半ぴどんがそんげ言ううち、大けな話がはじまったっと。ちょうど川端に竹ヤブがあってそこで雀がぎょうさん群をなしてとんでいたげな。外記どんはそいを見て、「半ぴどん——こんげぎょうさん雀がおればバラダマで撃てば、一ぺんに十ばかりとれるじゃろ」と、言うたっと。すっと、半ぴどんが笑いながら、「なに、そんげなこつを言ううち、一発バラダマを撃てばかまげ（かます）に三俵ばかりとれて、まだあまりが出るわい」と、言うたっと。すっと、外記どんはひったまげて、「半ぴどん、そりゃどんげな（どういう）わけや？」ときいたげなかい、半ぴどんが、「うん、昔、ある人が鉄砲を持っち山へ行ったげな。そりゃ猪撃ちじゃった。ところが山の中をせっぺ（いっぱい）あるいたげなが、ちっとん猟が無かったげな。そいで気がむしゃくしゃしていたげなが鉄砲にはシシ撃ちの一発ダマが入っていたっと。——そいでそん猟師どんが、孟宗竹の竹林めがけて、ガンと一発撃ったげな」と言うたっと。「うん、そいで竹林にはなにがおったか？」外記どんがそんげ言うと、半ぴどんが、「なーに、雀の宿じゃが。そいで、鉄砲のタマがカチャカチャ、カチャカチャ——音をたてて竹にあたっちゃ、雀にあたって、雀にあたっちゃ、竹にはねて、夜どおし、カチャカチャ鳴っていたげなが——朝がた行って見たら雀がかまげに三俵ばかしとれたげな」というたげな（『民話と文学2』）。

宮崎市跡江には、半ぴどんの墓がある。跡江の農家に生まれた半ぴどんは、俗称を半平といい、天明5年に亡くなっている。墓石には「月潤自光信士」と刻まれている。

弥五郎

地域の特徴

　宮崎県は九州では鹿児島県に次ぐ2番目の広さの面積をもち、北は大分県、西は熊本県、南西は鹿児島県と接している。県の東部・南部は日向灘に面しており、西部は急峻な山がそびえる九州山地が迫っている。

　宮崎県は神話の故郷といわれ、天孫降臨や海幸山幸の日向神話の舞台となり、古代においては日向国であった。しかし、豊臣秀吉による九州平定後、日向国の国割が行われ、江戸時代には延岡藩、佐土原藩、高鍋藩などの小藩と鹿児島藩の一部、幕府領が入り乱れる小藩分立の状態であったのが特徴である。そのため、旧藩領の範囲にあった市町村ごとにそれぞれの伝統文化や行事などが営まれていたが、他の地域の影響を受けることもあった。また、民俗学的な視点でみると、宮崎県の山間部では焼畑や狩猟を中心とする文化、平野部では稲作を中心とする農耕・養畜の文化、沿岸部では漁業・加工の文化がみられる（『宮崎県の地名』）。

　このように宮崎県には地域によって多様な文化や慣習が存在している。

伝承の特徴

　宮崎県の面積の約7割を山間部が占めており、山に住む妖怪や山の怪、天狗の伝承が残る。また、河童の伝承では、河川やため池が多くある平野部に多く残っているが、山間部でも伝承が残り、海に住む河童の伝承も残っている（『日向市史』）。そのため、県内の伝承をみると河童に関する伝承がほとんどを占めている。一方、海に面した沿岸部では、船亡霊や船幽霊、幽霊船、エンコー（河童か）などの伝承が残る。

主な妖怪たち

河童　県北部に流れる五ヶ瀬川、その川に流れ込む支流にはそれぞれ河童の頭目がいた。日之影町を流れる七折川には綱の瀬の弥次郎、

Ⅲ　営みの文化編　　123

高千穂町の山裏川には川の詰の勘太郎、高千穂町を流れる岩戸川には戸無の八郎右衛門、高千穂町押方の二上川には神橋の久太郎、五ヶ瀬町を流れる三ヶ所川には廻渕の財賀小路安長の5匹の河童が頭目であったといわれる（「日向の河童伝承」ほか）。河童の名称は、地域によって異なる。県東部の沿岸部を中心に、「ヒョッスンボ」「ヒョスンボ」「ヒョスボ」、県南部・県西部では「ガラッパ」「ガワロ」「ガグレ」、山間部では「セコ」、県北部では「セコッポ」とよばれている。性格はいずれも似ており、頭に皿があり相撲が好き、金物を嫌う。人間を川に引きずり込もうとしたり牛馬にいたずらをしたりする。また河童の報恩として、魚を持ってきたり、骨接ぎや万病に効く薬を伝授したり、恩のある一族の関係者は川に引きずり込むのをしないなどの話や河童の手が残っている。猿と河童は犬猿の仲で、猿と河童が闘うと猿が勝つという。延岡市北方町の農家には、現在でもセコッポ除けの猿の手が牛小屋にさげてある。

ガモジン

どのような姿の妖怪であるかは不明である。宮崎市内や西都市内などでは、泣き止まない子どもに「泣き止まないとガモジンが来るぞ！」と言っていた。「ガモジン」とは、化け物・妖怪を意味する幼児語といわれる（『全国幼児語辞典』）。日向市では「ガゴドン」といわれている（『日向市史』）。

奈良県の元興寺に、飛鳥時代に「ガゴゼ」「ガゴジ」「グワゴゼ」「ガンゴウ」「ガンゴ」とよばれた鬼が現れたという話がある。その「ガゴゼ」がもともとの起源といわれる。しかし、柳田國男はこの元興寺説を否定し、中世の口語体にオバケが「咬もうぞ」と言いつつ出現したときがあり、その声をより怖くするために音を変え「ガモ」または「ガガモ」になったとされる（『妖怪談義』）。いずれにしても、子どもにとって怖く恐ろしいイメージのものが妖怪化したのではないだろうか。

カリコボーズ

カリコボーともいう。県の中央部、九州山地の米良地方にはカリコボーズまたはカリコボーという山に住む妖怪の話がある。カリコボーズは、春になると川に入り、秋になると山に帰るという。山にはカリコボーズの通る道があり、そこに家などを建てると家が震動したりするので建ててはいけないなどの禁忌がある。その姿は不明で、「ホイ、ホイ」という鳴き声で、近くで鳴くかと思えば遠くで鳴いたりとあっという間に移動する。鳥の姿をしているなどといわれる。

風呂が好きで、風呂に入ると臭くてその風呂は使えないなどという。

　熊本県のヤマワロも同様で、春の彼岸に山から川に入ってガラッパになり、秋の彼岸にまた川から山に帰ってヤマワロになるという（『全国妖怪事典』）。

霧女　霧島の東麓には、昔から霧女が住んでいるという。その霧女は色が白く、面長の美人で必ず一人旅の男を狙って霧の深い日に寄り添うが男が口説こうとするとすぐにその姿を消してしまうという。近年でも時々現れ、自動車を呼び止めて乗せてもらい、数十分行くといつの間にか姿を消し、その座っていたシーツはしっとり濡れているという。霧女は年老いた化け狸だともいわれている（『日向国諸県の伝説』）。もともと狸が化けて人を惑わしたという話に、近年の都市伝説として新たな話が加わったものとみられる。

件（くだん）　妖怪のなかには、未来のことを予言する予言獣とよばれるものがいる。なかでもよく知られているのがクダンである。体が牛で顔が人間という姿をしている。江戸時代から第二次世界大戦中に現れたといわれる。『宮崎県史』によると、椎葉村で昭和の初め頃に第二次世界大戦がまもなく始まるとクダンが予言したという話がある。第二次世界大戦前に、クダンの札を売り歩く者が各地におり、その話がたまたま椎葉村に残っていたとみられる。

大蛇　県内の山間部では、かつて焼畑が広く行われていた。焼畑を行う場所をコバやヤボといい、木などを伐採するコバ切りやヤボ切りをして火入れをした。日之影町の崎の原というところに逆巻大明神の祠（ほこら）がある。その由来として、火入れをするヤボに大蛇の夫婦がおり、雌の大蛇は子どもを出産したばかりであった。雄の大蛇は男の夢枕に立ち火入れを延ばすように懇願したが聞き入れられず、雌の大蛇と子どもは焼け死んでしまった。そのため雄の大蛇が男を恨んで家を壊してしまい、その家は災いが続いた。そのため大蛇の怨みを慰めるために逆巻大明神を建てたという（『みやざきの神話と伝承101』）。また、日南市の大戸野という地区では、茅野という茅場で毎年野焼きを行っていたが、火を入れる前の日に女性が庄屋の家に現れ、庄屋が話を聞くとその女性は雌の大蛇で、子どもが病気で動けないのでしばらく火を入れるのを延ばしてほしいと頼んだ。しかし、庄屋は聞き入れず、火を入れてしまい大蛇は子どもの蛇と一

Ⅲ　営みの文化編　　**125**

緒に焼け死んでしまった。それ以後、村で災いが起こり、そのため大戸野神社を建てたという（『みやざきの神話と伝承101』）。

天狗

山間部の日之影町にある戸川岳には藤密坊、丹助岳には丹助坊、城の岳には早鷹中央坊という天狗がいた（『日之影町史』）という話や、平野部の宮崎市清武町や高鍋町には大木に天狗が住んでいたという話（『清武に伝わる民話と風俗』『高鍋町史』）がある。山間部では修験者が山にこもって修行をしており、その姿と天狗が結びついたとみられる。また、大木にはなんらかの霊力があり、その霊力と天狗が結びついたとみられる。

県西部の三股町の高野集落には、馬渡天狗を祀った祠がある。この天狗は、長田峡の北方にある高野山に住んでいた。木を切ったり木の枝を落としたりする山仕事をしていた。あるとき、殿様の屋敷にある大木の枝を切る仕事を頼まれた。殿様と家来は神業といわれるその天狗の仕事を見物した。何とかその枝を切り、休憩してタバコを吸ったのだが、吸い殻を誤って殿様の頭に落としてしまった。天狗はその罪で切腹させられ、村人たちはその天狗のために祠を祭ったという（『みやざきの神話と伝承101』）。

トッテンタテクリの杵五郎

西都市尾八重には、立て杵に似た容姿で全体が一本の足のような妖怪の話がある。立っては倒れまた立っては倒れるという動作を繰り返し移動する。猪が泥遊びをするニタにはさまざまな妖怪が現れ、最初にこの妖怪が現れ最後に山猫が現れるという。尾八重を含む東米良地方や西米良村の猟師はニタで猟をしない。それは妖怪がニタに現れるからであるという（『北浦町史　通史編』）。延岡市島野浦という島にもタテクリカエシという妖怪が伝承され、同じように「立っては倒れる」という動作で移動する（『北浦町史　通史編』）。

火の玉

火の玉とは一般に死者の魂といわれる。県内の市町村史などにはその目撃談がみられる。柳田國男の「妖怪名彙」（『妖怪談義』）には、宮崎の怪として「ヲサビ」が紹介されている。もともとは『延岡雑談』という本に記載されており、延岡付近の三角池に、雨の降る晩に二つの火の玉が出現し、これは昔二人の女性が機織りに使う道具である筬を「返してない」「返した」で争いをして池に落ちて死んでしまったため、今でも二つの火の玉が現れて喧嘩するのだと伝えられている。

ミサキ・チッチ　『日之影町史』に、体験談として夕方山から帰るとき、家に着くまで後をつけてくるものがおり、チュチュという鳴き声だけで正体がわからないという話が記載されている。また、椎葉村でも山道を歩いているとき、頭上で「チッチ」と鳴くものに気づき、はじめは気にも留めなかったが、しばらくすると前後左右でうるさくつきまとい始めた。その鳴き声は人家の近くまでついてきたという体験談がある（『宮崎県史　資料編　民俗1』）。

弥五郎　巨人伝説の一つで、巨人は、異なる世界に属するものや遠い過去の存在として並外れた身体と力をもつものとされる。県内には弥五郎に関する伝説がある。都城市山之口町の円野神社と日南市田ノ上神社、鹿児島県の岩川八幡神社では11月3日に「弥五郎どん祭り」が行われる。この祭りは隼人の霊をなぐさめるために始まったといわれ、隼人の乱を起こした首長が「弥五郎どん」であったという。大きな弥五郎どんが先導して浜下りが行われる。

山姥・山姫　山姥というと、山に住み人間を食べる恐ろしい存在としてイメージされることが多いが、一方で貧しい者や正直者に福をもたらす話もある。

　猟師の間に信仰されている「西山小猟師」の話のなかに、山姥（山の神）が登場する。産気づいた山姥に最初に出会った東山大猟師は、助けようとせずに行ってしまう。次に西山小猟師がやってくると、親切に山姥の出産を手伝う。山姥は親切にした西山小猟師には山で獲物が捕れるように約束したという話である。また、延岡市の琴塚という横穴に山姥が住んでおり、必要な数の椀や膳などを貸してくれた話（『日向民話集』）、いわゆる「椀貸し渕伝説」が県内各地に残っている。その姿は見えないようにしているためわからず、その姿を見ようとしたり、貸した数の椀や膳を返さなかったために、それ以後貸してくれなくなったという話がある。

　山間部の日之影町や椎葉村や宮崎市の鰐塚山などでは、美しい若い女性の姿をした山姫が住んでおり、若者がその山姫に出会ってついていってしまうとやがて体が動けなくなり、血を吸われてしまうという話がある（『日之影町史』『都城盆地物語』）。

ヤンブシ　ヤンボシともいう。ガモジンと同じように、子どもにとって怖く恐ろしいイメージのものが妖怪化した。

Ⅲ　営みの文化編　　127

ヤンブシ・ヤンボシとは山伏のことで、頭巾とよばれる帽子のようなものを頭につけ、袈裟などの法衣を身にまとい、錫杖とよばれる金属製の杖をもち、山中で修行する修験者のことである。年の瀬など年に一度、里や町に降りてきた。髪の毛はぼさぼさに伸び、髭を蓄えた姿は、異様で子どもにとっては恐怖の対象だった。母親が子どもの髪の毛が伸びると「頭がヤンボシのごたる。散髪に行け」と子どもに言ったりとか（『西都市史通史編』）、「言うことをきかないとヤンボシに連れて行ってもらう」と叱ったりした。

幽霊　江戸時代に書かれた『庄内地理志』巻61「花房」の項には、幽霊の話が記述されている。野村某という武士が、篠池で赤ん坊を抱いた女の幽霊に逢い、この赤ん坊をしばらくの間抱いていてほしいと頼まれ、赤ん坊を抱いたところ石よりも重かった。幽霊が戻ってきて赤ん坊を返すと、お礼に望みを叶えてやると言い、字を綺麗に書きたいと願ったところその願いが叶ったという話である。この話は、お産で死んだ女性が妖怪となった「産女」の話によく似ている。産女は夜の道端や川べりで子どもを抱いて泣いており、通りかかった人に子どもを抱いてくれるようにせがむという。頼みを聞いて子どもを抱くと次第に子どもの体が重くなり、自分が石などを抱えていることに気がつくが、重さに負けないで最後まで抱くことができると、そのお礼として「怪力」や「名刀」などの能力や宝を授ける（『日本の妖怪』）という。

龍　西米良村に伝わる昔話に「漆兄弟」の話がある。兄が川の淵に誤って鎌を落としてしまい、拾いに行ったところ、良質の漆がその川の淵にあることを知り、弟には黙っていた。しかし、弟は兄が川の淵から漆を取っているのを知る。弟に知られた兄は木彫りの龍を川の淵に沈め、弟が川の淵に潜ると龍が現れ逃げて兄に報告した。これで漆は自分のものになったと思った兄は、川の淵に潜ったところ本物の龍がおり、その龍に襲われ二度と戻ってこなかったという話がある（『みやざきの神話と伝承101』）。他に滝や川に龍が住んでいるという話がある。

高校野球

宮崎県高校野球史

　宮崎県では，1896年に宮崎県尋常中学（現在の宮崎大宮高校）の寄宿舎生が野球を始めたのが始まりといい，1902年に正式創部．同じ頃宮崎師範でも野球が始まった．1900年には延岡中学（現在の延岡高校）と都城中学（現在の都城泉ヶ丘高校）でも創部された．

　夏の選手権大会予選に初めて参加したのは，17年の第3回九州予選の宮崎中学で，以後，同校を中心として戦いが繰り広げられたが，他県の壁は厚く予選を突破することはできなかった．

　戦後も予選を勝ち抜けず，「沖縄を除いて春夏通じて唯一甲子園に出場したことがない県」を打破したのは54年夏の大会で，高鍋高校が県民悲願の甲子園初出場を達成した．

　59年には東九州大会から強豪大分県が抜け，鹿児島県・沖縄県との3県による南九州大会となり，この年は高鍋高校が出場した．翌年から鹿児島県が独立，以後は宮崎県と沖縄県の2県で戦うことになった．当時の沖縄県勢は弱く，ほぼ毎年のように甲子園に進むことができた．64年夏には宮崎商業，65年夏には高鍋高校と2年連続してベスト4まで進んだ以外は，67〜71年に5年連続初戦敗退を喫するなど，甲子園ではあまり活躍できなかった．この時代は高鍋高校と宮崎商業が県内の2強であったが，出場を独占するというほどではなく，多くの高校が甲子園に出場している．

　宮崎県でも75年から1県1校となった．この頃から県内では都城高校が台頭した．21世紀になると，関西などからの野球留学選手の多い日南学園高校，延岡学園高校の2校が強くなり，県内の球界をリードした．そして，13年夏には延岡学園高校が宮崎県勢として初めて決勝に進み，準優勝した．一方，宮崎工業，宮崎商業，富島高校といった公立高校も活躍している．

Ⅲ　営みの文化編

主な高校

小林西高 (小林市, 私立)
春0回, 夏1回出場
通算3勝1敗

1953年小林高等経理学校として創立し, 59年小林高等商業学校と改称. 66年高校に昇格して, 小林西高校となる. 67年に創部. 93年夏に甲子園初出場. 初戦の学法石川高校戦は2－3で迎えた9回裏2死無走者から逆転サヨナラ勝ち. その後, 長崎日大高校, 高知商業と降して, ベスト8まで進んだ.

聖心ウルスラ学園高 (延岡市, 私立)
春0回・夏2回出場
通算1勝2敗

1955年女子校の緑ヶ岡学園高校として創立し, 90年聖心ウルスラ学園高校と改称. 2002年に共学化して創部し, 05年夏に甲子園初出場. 17年夏には早稲田佐賀高校を降して初戦を突破した.

高鍋高 (高鍋町, 県立)
春4回・夏6回出場
通算9勝10敗

高鍋藩藩校・明倫館を母体とし, 1923年高鍋中学校として創立. 43年県立に移管. 48年の学制改革の際に, 高鍋高等女学校, 高鍋農業学校と統合して県立高鍋高校となる.

48年創部としているが, 夏の予選には高鍋中が46年から参加している. 54年夏に宮崎県勢として初めて甲子園に出場し, 59年夏には中京商業を降して初勝利をあげた. 65年夏にはベスト4まで進んでいる. 98年選抜でもベスト8に進出した.

富島高 (日向市, 県立)
春1回・夏1回出場
通算0勝2敗

1916年東臼杵郡立農業学校として創立し, 22年県立富高農学校, 29年県立富高実業学校と改称. 48年の学制改革で県立富島高校となる.

48年創部. 2018年春に甲子園初出場. 19年夏にも出場した.

日南高 (日南市, 県立)
春2回・夏2回出場
通算3勝4敗

1921年県立飫肥中学校として創立. 48年の学制改革の際に, 飫肥高等女学校と統合して県立飫肥高校となる. 50年日南市制施行に伴い, 日南高

校と改称した.

21年創部. 46年から夏の県大会に参加し, 63年選抜で初出場. 75年夏には3回戦まで進んでいる.

日南学園高 (日南市, 私立)
春5回・夏9回出場
通算14勝14敗

1951年日南経済専門学院として創立. 59年日南高等商業学校となり, 66年高校に昇格して日南商業高校となり, 82年日南学園高校と改称.

66年創部. 関西からの野球留学生を呼んで強くなり, 95年春甲子園に初出場するといきなりベスト8に進出, 以後常連校となる. 99年春, 2001年夏もベスト8に進出.

日章学園高 (宮崎市, 私立)
春1回・夏1回出場
通算0勝2敗

1950年宮崎高等会計学院として創立し, 53年宮崎高等商業学校, 56年宮崎高等実業学校と改称. 65年高校に昇格して宮崎実業高校となり, 87年日章学園高校と改称.

65年創部. 2002年夏に甲子園初出場, 興誠高戦では両チーム合わせて4ホームランを含む31安打という乱打戦の末に敗れた. 09年選抜にも出場.

延岡学園高 (延岡市, 私立)
春3回・夏7回出場
通算6勝10敗, 準優勝1回

1951年延岡高等経理学校として創立. 65年延岡学園可愛ヶ丘高校となり, 翌66年に延岡学園高校と改称した.

65年創部. 78年夏甲子園に初出場して初戦を突破. 91年夏に2度目の出場を果たすと, 以後は常連校として活躍. 2013年夏には宮崎県勢として初めて決勝に進出, 前橋育英高校に惜敗したものの準優勝した.

延岡工 (延岡市, 県立)
春2回・夏2回出場
通算5勝4敗

1944年県立延岡工業学校として創立. いったん廃校となった後, 50年に県立延岡向洋高校として再興. 65年延岡工業高校と改称.

創立と同時に創部. 81年春に甲子園初出場. 87年夏には3回戦まで進んだ. 近年は2002年選抜に出場している.

Ⅲ 営みの文化編 131

延岡商 （延岡市，県立）
春1回・夏2回出場
通算1勝3敗

1921年東臼杵郡立延岡商業学校として創立し，23年県立に移管．48年の学制改革で延岡富島高校に統合され，翌49年には延岡恒富高校に統合．さらに50年の県立延岡向洋高校の創立で同校に統合された．58年県立延岡商業高校として復活した．

21年創部．68年夏に甲子園初出場．85年夏には丸子実業を降して初戦を突破している．

日向学院高 （宮崎市，私立）
春1回・夏1回出場
通算1勝2敗

1933年創立の宮崎神学校を母体として，46年に日向中学校として創立．48年の学制改革で日向高校となり，51年に日向学院高校と改称した．

54年創部．80年夏に甲子園初出場，旭川実業に延長13回の末に惜敗した．87年選抜では伊香高校を降して初戦を突破している．

都城高 （都城市，私立）
春1回・夏8回出場
通算10勝9敗

1960年都学園都城高等電波学校として創立し，67年都城高校となる．

67年に創部し，70年夏に甲子園初出場．以後常連校として活躍し，84年選抜では準決勝まで進出，PL学園高校を追い詰めたが，延長11回にサヨナラ負けを喫した．99年夏を最後に出場していない．

都城商 （都城市，県立）
春0回・夏2回出場
通算5勝2敗

1898年実業補習学校として創立し，1901年町立に移管，04年都城商業学校と改称した．08年北諸県郡立，21年県立に移管．48年の学制改革で都城泉ヶ丘高校に吸収され，同校の商業科となったが，57年に独立して県立都城商業高校となった．

57年創部．81年夏に甲子園初出場，加藤誉昭による3ホームランの活躍でベスト8に進んだ．2009年夏にもベスト8に進出している．

宮崎大宮高 （宮崎市，県立）
春0回・夏2回出場
通算1勝2敗

1889年宮崎県尋常中学校として創立．99年宮崎県宮崎中学校，1901年県立宮崎中学校と改称．48年の学制改革の際に，県立第一宮崎高等女学校，

県立宮崎商業学校，県立宮崎女子商業学校を統合して，県立宮崎大宮高校となった．

1896年頃に創部という名門で，1917年夏には県大会に参加．57年夏に甲子園初出場，三国高校を降して初戦を突破した．67年夏にも出場している．

宮崎工 （宮崎市，県立）
春1回・夏3回出場
通算2勝4敗

1905年宮崎郡立職業学校として創立し，18年郡立工業学校，23年宮崎県宮崎工業学校と改称．48年の学制改革の際に，県立宮崎第二高等女学校，県立宮崎農学校と統合して，県立宮崎大淀高校となった．62年普通科を廃止し，65年に県立宮崎工業高校と改称した．

46年から県大会に参加．大淀高校時代の58年夏甲子園に初出場し甲府商業を降して初戦を突破．60年夏にも出場した．その後，2010年の選抜で宮崎工業として50年振りに甲子園出場を果たし，12年夏にも出場している．

宮崎商 （宮崎市，県立）
春3回・夏4回出場
通算5勝7敗

1919年宮崎町立商業学校として創立．24年宮崎市立商業学校と改称，44年県立に移管して宮崎商業学校と改称．48年の学制改革では県立宮崎大宮高校に吸収されて消滅．57年に改めて県立宮崎商業高校として再興された．

19年に創部し，28年に南九州大会に初参加．63年夏に甲子園初出場，以後69年夏まで春夏合わせて5回出場，64年夏にはベスト4まで進んだ．以後低迷していたが，2008年夏に39年振りに甲子園に出場，城北高校を降して初戦も突破している．21年選抜にも出場した．

宮崎日大高 （宮崎市，私立）
春0回・夏2回出場
通算0勝2敗

1963年宮崎日本大学高校として創立し，翌64年に創部．97年夏に甲子園初出場．2015年夏にも出場した．

◉宮崎県大会結果（平成以降）

	優勝校	スコア	準優勝校	ベスト4		甲子園成績
1989年	日向高	15－3	日章学園高	宮崎日大高	都城商	初戦敗退
1990年	都城高	7－2	延岡学園高	延岡東高	延岡工	初戦敗退
1991年	延岡学園高	5－4	日向高	日章学園高	日南振徳商	初戦敗退
1992年	延岡工	5－4	都城高	高鍋高	日向高	2回戦
1993年	小林西高	7－5	都城高	日南高	都城泉ヶ丘高	ベスト8
1994年	延岡学園高	7－6	都城高	小林高	日南高	初戦敗退
1995年	日南学園高	4－2	宮崎商	小林高	鵬翔高	初戦敗退
1996年	都城高	12－4	宮崎商	延岡西高	都城工	初戦敗退
1997年	宮崎日大高	6－5	高鍋高	宮崎第一高	都城泉ヶ丘高	初戦敗退
1998年	日南学園高	9－5	宮崎第一高	延岡工	宮崎工	3回戦
1999年	都城高	15－2	小林西高	宮崎日大高	鵬翔高	3回戦
2000年	延岡学園高	5－2	宮崎日大高	日章学園高	日南学園高	初戦敗退
2001年	日南学園高	8－3	宮崎日大高	日向高	小林西高	ベスト8
2002年	日章学園高	8－2	延岡工	都城工	都城商	初戦敗退
2003年	日南学園高	7－5	都城商	都城東高	日章学園高	初戦敗退
2004年	佐土原高	3－2	日南学園高	都城泉ヶ丘高	小林西高	2回戦
2005年	聖心ウルスラ学園高	4－0	宮崎北高	都城商	延岡学園高	初戦敗退
2006年	延岡学園高	9－1	宮崎日大高	日章学園高	都城商	初戦敗退
2007年	日南学園高	6－4	都城商	宮崎日大高	宮崎商	3回戦
2008年	宮崎商	2－1	日南学園高	都城東高	延岡学園高	2回戦
2009年	都城商	5－1	宮崎商	宮崎農	宮崎日大高	ベスト8
2010年	延岡学園高	6－2	宮崎第一高	宮崎商	佐土原高	2回戦
2011年	日南学園高	4－3	延岡学園高	鵬祥高	宮崎商	初戦敗退
2012年	宮崎工	5－4	聖心ウルスラ学園高	延岡学園高	宮崎農	初戦敗退
2013年	延岡学園高	7－6	聖心ウルスラ学園高	日南学園高	宮崎商	準優勝
2014年	日南学園高	2－0	日章学園高	宮崎日大高	延岡工	初戦敗退
2015年	宮崎日大高	13－0	宮崎学園高	聖心ウルスラ学園高	都城商	初戦敗退
2016年	日南学園高	5－1	宮崎商	宮崎工	宮崎大宮高	3回戦
2017年	聖心ウルスラ学園高	7－2	日向学院高	宮崎日大高	都城商	2回戦
2018年	日南学園高	11－8	日章学園高	富島高	宮崎工	2回戦
2019年	富島高	4－0	小林西高	都城工	都城東高	初戦敗退
2020年	宮崎日大高	12－2	宮崎学園高	延岡工	日向学院高	（中止）

小松原焼（花器）

地域の歴史的な背景

　宮崎県下での、現代に続くやきもの（陶磁器）の歴史はさほど古くはたどれない。江戸中期末の寛政年間（1789～1801年）頃、北九州や薩摩から来た陶工たちによってようやく窯が開かれた、と伝わる。これらの窯は規模も小さく、経済的な基盤もなかった。さらに、原石や釉薬などは遠隔地から求めなければならないという苦労もあった。そのため、開窯から間もなくして廃窯となる窯も少なくなかったのである。

　現在、宮崎県内の窯元は50余りを数える。古陶の伝統に乏しいこともあって、その伝統には縛られないことが、かえって幸いしているともいえよう。各地の窯場、例えば瀬戸（愛知県）や有田（佐賀県）、益子（栃木県）、京都、薩摩（鹿児島県）などで修業した陶工たちが、おのおのの自由な発想と技に磨きを掛けて製陶に励み、多用なやきものが生み出されているのである。

主なやきもの

小松原焼（こまつばら）

　都城市（みやこのじょう）で焼かれた陶器。嘉永5（1852）年、日向国都城24代領主の島津久本（しまずひさもと）が長嶺正員（ながみねまさかず）に窯を開かせた、と伝わる。明治2（1869）年に藩用窯としては閉窯するも、その後は個人経営の窯となり継続した。

　明治30（1897）年には、薩摩苗代川焼の陶工朴休丹（ぼくきゅうたん）らも開窯し、朴家伝統の叩き技法や鮫肌（さめはだ）など独特の作風を生んだ。が、昭和12（1927）年に閉窯。こうした窯焼きを総称して小松原焼と呼ぶ。

　小松原焼は、今では少なくなった蹴ロクロ（轆轤）を使っての成形を

Ⅲ　営みの文化編

行なっており、陶土も釉薬も全て県内の土を採取してつくられている。製品は、苗代川系の黒物の日常雑器が中心である。飴釉や黒釉が掛けられた壺・甕・鉢類などが多かった。

小峰焼

延岡市小峰町で焼かれた陶磁器。文禄・慶長の役（1592〜98年）に際し、延岡藩城主の高橋元種が朝鮮陶工を同伴し開窯させたといわれるが、窯跡の出土陶片などからは、18世紀後半以降の創業と考えられる。当時の窯は、燃焼室と8室の焼成室からなる階段状連房式登り窯であることが、1963（昭和38）年の発掘調査で明らかにされている。

陶器の素地は、全体的に粗雑であるが、器形が硬質で、筑前高取焼や小石原焼、小鹿田焼などに酷似している。製品には、青海鼠釉・白濁釉・黒褐釉・飴釉などを施した徳利や雲助、擂鉢、皿、丼など日常雑器が多いが、他に茶碗や仏具・花器などもみられる。

また、磁器は文様の一部にコンニャク印判が用いられており、その技法や文様の類似性から波佐見焼系と推測される。

新興の窯

綾川焼は、小石原で修業した陶工川村賢次が東諸県郡綾町に昭和46（1971）年に開窯した。そこでの5袋の豪快な登り窯は特筆に値しよう。小石川焼の流れを汲む県下第1号の窯元であるが、その製品は小石原の作風よりも川村流のオリジナリティにあふれている。

都城焼は、高千穂の峰を仰ぐ広大な都城盆地に窯がある。昭和49（1974）年に宇津野新太郎が開窯。薩摩焼系の黒物を中心に焼いており、焼酎どころの需要に応えた焼酎徳利「カラカラ」やお湯割用の「六四コップ」など地方色豊かな製品が多い。

えびの焼は、昭和43（1968）年に大河原隆之進が県西部えびの高原の麓のえびの市に開いた窯である。赤茶の発色が美しい花器や茶器、壺類が多く見られる。陶土から釉薬に至るまで自家生産している。

Topics ● 西都原古墳群

　特別史跡西都原古墳群は、宮崎県のほぼ中央、一ツ瀬川の右岸、西都原市街地の西の通称「西都原台地」とその周辺の中間台地や堆積地にある。周囲は南北4.2キロ、東西2.6キロに及んでいる。

　西都原古墳群は、3世紀末から7世紀にかけて築造されたもので、その数は陵墓参考地の男狭穂塚・女狭穂塚を加えた319基とされる。広大な古墳群である。そこには、墳丘を持つ古墳に加えて、南九州特有の地下式横穴墓や全国に広く分布をみる横穴式が混在する。

　その古墳群の近くにあり、古墳群についての展示を主として、宮崎県内の遺跡や考古学に関する展示を行っているのが、宮城県立西都原考古博物館である。開館は、平成16（2004）年。所蔵品には、古代土器（飛鳥〜奈良時代）や古墳時代後期の須恵器、全縄文施文土器、平安時代の土器などもある。

　展示の特色として、常設展示という概念を壊して、常に新しい情報を展示するとして「常新展示」という概念を取り入れているのがユニークである。また、遺跡から出土した資料に直接触れて鑑賞し、体感的に学ぶことを目的としたハンズオン展示も注目に値する。展示室には基本的に順路や導線がないので、自由に楽しむことができるだろう。

Ⅲ　営みの文化編　　137

IV

風景の文化編

地名由来

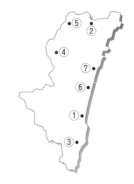

神武天皇にちなむか

　宮崎県の成立は明治6年（1873）1月のことだが、明治9年（1876）8月、鹿児島県に統合されて消えてしまう。やはり、隣りの鹿児島県が圧倒的に強かったのである。宮崎県が復活するのは、明治16年（1883）5月のことで、それ以降宮崎県はそのまま今日に至っている。

　宮崎県の県名は、県庁が置かれた旧「宮崎郡」から採ったものである。一般には、この日向国にはその後神武天皇になったと言われる神日本磐余彦天皇の宮居があって、その台地の先を意味すると言われている。

　地名学的に言えば、「宮」はよほどのことがない限り、「神社」に関連している。「宮」という地名のところには、まず神社があると考えてよい。姓でも「宮本さん」「宮下さん」など、宮にちなむものも多い。かなり厳格に考えられているのは、「宮下さん」はいても「宮上さん」はいないことである。神社の下に住むものがふつうで、神社の上に住むことはないことの証しである。

　他方、「宮」という言葉は「都」が「宮処」に由来すると言われるように、政庁をも意味している。

　『日本書紀』によれば、神武天皇は15歳で皇太子になり、後に日向国の吾田邑（現・鹿児島県南さつま市）の吾平津媛を后にしたという。当時としてはえらく遠いところから后を迎えたことになるが、このことが神武天皇がこの地にいたことを示すことになるかもしれない。なぜか。

　記紀神話によると、天孫降臨の場所がどこであったかについては、宮崎県でも県北部の高千穂説と県南部の霧島説があって、双方譲らないのだそうだ。もし神武天皇が宮崎市に居を構えていたとすると、南の霧島説を採ることになるだろう。その点で、天皇が今の鹿児島県の薩摩半島の先端の地から后を迎えたとすると、この説のほうが信憑性が高いということになる。

　宮崎市内にある宮崎神宮は「神武さま」の愛称で親しまれ、ご祭神も神

日本磐余彦命である。

　ほんとうのところはわからないが、神武天皇がこの日向国から大和を目指したという話が事実なら、この「宮崎」もそれに関連して生まれたと考えてよいだろう。

とっておきの地名

①生目（いきめ）　このおどろおどろしい地名は宮崎市に存在する。この地にある「生目神社」がそのルーツだが、今は「日向の生目様」として全国から眼病平癒のご利益を求めて参拝者が訪れている。

　もとは豊前宇佐八幡宮の神領地の庄園であったため、八幡宮を勧請したのが始まりだったと伝えるが、その後、源平合戦で敗北した藤原景清にまつわる伝説が残されている。

　一説に、景清は壇ノ浦から逃れ、頼朝を討とうとしたもののかなわず捕えられ、源氏の繁栄をこの目で見ることを厭って両眼をえぐったところ、その武勇を讃えた頼朝は日向勾当（こうとう）の職と土地を与えたという。この景清の両眼を祀ったことから、「生目」という地名が生まれたとされる。

②大崩山（おおくえやま）　そのものズバリの崩壊地名。「クエ」とは崩壊地を指した地名だが、「オオクエ」だから「大崩壊」の意味になり、「山」がつくから「大崩壊の山」という意味になる。日本を代表する崩壊地名ということになる。

　延岡市北西部にある標高1,643メートルの山で、大分県境に近い位置にある。九州最後の秘境とも言われ、花崗岩の岩峰が聳え立ち、いかにも太古から崩壊を繰り返してきたことを示している。これほどの山ともなれば修験者の信仰の対象になるのが普通だが、大崩山にはその歴史はない。たぶん、崩壊を恐れて修験者も寄りつかなかったのではないか。

　一角に「七日廻り岩」という直径約50メートル、高さ80メートルもあろうかという岩峰が聳えている。伝説によれば、この岩の上にある極楽浄土を夢見て登ろうとしたが、足がかりが見つからず7日間もぐるぐる廻ったところから、この岩の名がついたのだという。

③飫肥（おび）　日南市にある町名で、難読地名。古くは「小肥」とも書いた。古代からある地名で宮崎郡（みやざきのこおり）に属していた「飫肥郷」がそのルー

Ⅳ　風景の文化編　　141

ツになる。

飫肥城は、宇佐八幡宮の神官の出の土持氏が南北朝期に築いたのが始まりと考えられており、戦国期には、土持氏を裏切った伊東氏と薩摩の島津氏が城を激しく奪い合ったことで知られる。江戸時代は伊東氏が飫肥藩5万1,000石で治めぬいた。

飫肥の由来については、「太宰菅内志」に「火に負はせるにあらぬか、さもあらば大火の意あり」としているというが（『角川日本地名大辞典 宮崎県』）、詳細は不明。何らかの意味で「火」にちなむものであると推測される。

④椎葉 日本民俗学の走りとなった柳田国男の『後狩詞記』の舞台となった「椎葉村」である。柳田は椎葉村についてこう記している。

「肥後の四郡と日向の二郡とがこの村に境を接し、日向を横ぎる四の大川は共にこの村を水上としている。村の大きさは、壱岐よりははるかに大きく、隠岐よりは少し小さい。しかも、村中に三反とつづいた平地はなく、千余の人家はたいてい山腹を切り平げておのおのその敷地を構えている」（『柳田國男全集』5、ちくま文庫）

この地域は平家の落人伝説が残り、今でも平家まつりが行われている。平家の落人の追討のためにこの椎葉村を訪れた那須宗久（大八郎）が、この地で必死に生きようとする平家の落人を見て感動し、ここに屋敷を構えて農耕技術を伝え、さらには平家の守護神である厳島神社を勧請するなど落人たちを励ましたとされる。当地で出会った平家の末裔とされる鶴富姫を寵愛したという伝説が今も残る。

「椎葉」という地名は、宗久が陣小屋を椎の葉で囲ったことからつけられたとされる。史実はどうであれ、椎木があったことは事実であろうし、そこに落人伝説が重なってできたものと考えてよい。

⑤高千穂 天孫降臨の場所として、県北の高千穂説と県南の霧島説の2つがあって決着をみていないことはすでに述べた通りであるが、この高千穂も1つの有力地であることは疑いを容れない。

天孫降臨とは、高天原におられた天照大神が高皇産霊尊に命じて皇孫に当たる瓊瓊杵尊を瑞穂国に天下ったという神話のひとこまだが、皇孫は天磐倉から離れ、天八重雲を押し分けて、「日向の襲の高千穂峯に天降り

ます」と記されている。

高千穂町に鎮座する高千穂神社の主祭神は高千穂皇神と十社大明神で、いずれも瓊瓊杵尊および神武天皇関係の神々を祀っている。

訪れて感じた個人的な印象を1つ。高千穂町の人家や集落はすべて耕地にあり、その間には深い谷を刻んでいる。高千穂峡はその証しである。それは別の見方をすれば、この地は天上の地、すなわち高天原と見なされていたのではなかったか。

国見ヶ丘という高台に上って見た光景は、まさに高天原であった。そんな光景から天孫降臨のような話が生まれたのではなかろうか。

⑥高鍋　江戸時代、秋月氏が治める高鍋藩の城下町として栄えたところ。明治22年（1889）に「高鍋村」が成立し、明治34年（1901）に「高鍋町」となって今日に至っている。高鍋藩と言えば、やはり上杉鷹山に触れなければならない。上杉鷹山（治憲）（1751～1822）は高鍋藩主、秋月種美の次男（治憲）として生まれたが、米沢藩（今の山形県米沢市）上杉家に養子として迎えられ、後に藩主として「為せば成る」の名言と共に藩政改革に尽くしたことで知られる。

「高鍋」は中世までは「財部」と表記されることが多く、これはこれで古代以来の職業集団を思わせる地名であるが、寛文9年（1669）、時の藩主秋月種信が財部城を改築した時、幕府に願い出て「高鍋」に改称したというのが定説になっている。

⑦美々津　神武天皇が東征の際船出した港としてよく知られる。「美々津町」は昭和30年（1955）に日向市に編入され、現在は日向市美々津町美々津が住居表示になっている。古くから港として栄え、江戸時代には高鍋藩の交易港として藩の参勤交代にも使用された。今でも古い建物、敷地割が残り、国の重要伝統的建造物群保存地区に指定されている。

現地はまさに神武天皇東征伝説に彩られている。『日本書紀』によれば、神武天皇は旧暦10月5日に出立したとされるが、現地では旧暦8月1日と伝えられている。8月1日の昼に出立する予定だったが、風向きが変わったということで、急遽早朝に変わったため、集落の家々に「起きよ、起きよ」と回ったことから、今でも旧暦8月1日に「おきよ祭り」が行われている。

Ⅳ　風景の文化編　　143

また、着物のほつれに気づいたものの、時間がなく、立ったまま縫わせたところから、この地は「立ち縫いの里」とも呼ばれ、団子を渡したところから「お船出団子」が今でも名物になっている。

　美々津はほとんど神武天皇一色の町だが、古い家並みとともにこのような伝承も大切に残していきたいものだ。

　「美々津」の由来としては、一般には神武天皇が出立された「御津」が転訛したものと言われているが、平安時代の「延喜式」に見られる「美祢」という駅名が「美弥」の誤写で、それが後世に「美々」に転訛したものであろうと言われている。

難読地名の由来

a.「檍」（宮崎市）**b.**「月知梅」（宮崎市）**c.**「土々呂」（延岡市）**d.**「祝子」（延岡市）**e.**「天下」（延岡市）**f.**「贄波」（日南市）**g.**「売子木」（小林市）**h.**「妻」（西都市）**i.**「鬼切畑」（高千穂町）**j.**「九重花」（日之影町）

【正解】

a.「あおき」（「檍」はモチノキのことで、樹皮から鳥もちを取ることからモチニキという。常緑高木なので、「アオキ」と言ったのであろう）**b.**「げっちばい」（第19代鹿児島藩主・島津光久が観梅した時、「月知梅」と名づけたことによる）**c.**「ととろ」（『隣のトトロ』とは無縁で、入り江で海の波の音が「轟く」ことに由来する）**d.**「ほうり」（祝子川に由来し、「神の子を祝う」ということで、田の神「火遠理命」が生まれた時、産湯を使ったという伝承がある）**e.**「あもり」（「天下神社」に由来する。この神社には天孫降臨の役を担った瓊瓊杵尊が祀られ、天下に降りてきたことにちなむものと考えられる）**f.**「にえなみ」（「贄」とは「神仏・朝廷などへの供物・貢物」のことなので、ここで獲れた海産物を献上したことによるか）**g.**「きしゃのき」（ムラサキ科の落葉高木からつけられた地名）**h.**「つま」（都萬神社に由来する。瓊瓊杵尊が姫を見初めて無事3つ子を産んだことから、安産の神として知られる）**i.**「おぎりはた」（高千穂神社一帯に昔荒神・鬼八が住んでいたが、神武天皇の兄に当たる三毛入野命が退治し、首を切ったという伝承がある）**j.**「くえのはな」（「クエ」とは崩れる意味で、「ハナ」は崖を意味する）

商店街

一番街商店街（宮崎市）

宮崎県の商店街の概観

　宮崎県は、九州地方の東部に位置し、九州地方で2番目に広い面積を持っている。宮崎県の気候は冬でも温暖で、多くのプロスポーツチームがキャンプ地として訪れている。こうした温暖な気候は、南国情緒を想起させ、かつては新婚旅行客で賑わった。また、近年、宮崎県や各自治体が、日本神話発祥の地として積極的に宣伝したことによって、天岩戸神社や高千穂神社などの神話ゆかりの地を多くの観光客が訪れている。

　県庁所在地である宮崎市は、青島やフェニックス・シーガイア・リゾートなどの豊富な観光資源を持つ都市で、県内最多の約40万人が住んでいる。メインストリートの橘通りは、百貨店や複合商業施設、オフィスビルが立ち並び、宮崎市内で最も賑わいを見せている地区である。

　宮崎市に次ぐ約17万人の人口を擁するのは、県南部に位置する都城市である。都城市は、かつて存在した都城県の県庁所在地であり、県南部の中心地としての役割を担ってきた。都城市は、古くから宮崎県と鹿児島県を結ぶ交通の要衝として栄え、鹿児島県北部の一部地域を含む約30万人規模の商圏を形成している。しかし、郊外に大型商業施設が進出したことによって、都城市中心部に立地していた百貨店が撤退したため、宮崎市や鹿児島市に商圏購買人口が流出している。

　県北部の中心地は、人口約12万人の延岡市である。延岡市は、旭化成創業の地として知られ、多くの工場が立地している。近年は、東九州自動車道が延伸したことによって、陸上交通の利便性が向上し、クレアパーク延岡工業団地などの工業団地への企業立地が進んでいる。また、JR延岡駅周辺の商店街の活性化事業として、「空き店舗ツアー」などの新規出店支援が行われており、新しい賑わいの創出が期待されている。

　延岡市とともに、県北部の中心的役割を担っているのは日向市である。

【注】この項目の内容は出典刊行時（2019年）のものです

日向市は、海上交通の要衝として知られ、日明貿易の際に利用されたという記録も残っている。また、日向市の細島港は、宮崎県で最初に重要港湾に指定され、延岡・日向地域の新産業都市指定の原動力となり、現在でも日向市産業を支える核として機能している。しかし、日向市の商店街は厳しい状況に置かれている。JR日向駅東側に位置する「上町商店街」は、大型商業施設の出店・撤退が相次いだため、かつての活気が失われてしまった。そこで、区画整理事業や空き店舗対策を実施することで賑わいを取り戻すための努力が続けられている。

　以上のように、都城市や延岡市、日向市など宮崎県を代表する都市の商店街は活気を失っており、様々な対策が講じられている。活気が失われた1つの背景は、高速道路網の建設が遅れたことによって、宮崎県が「陸の孤島」となっている点がある。東九州自動車道は、「陸の孤島」を改善することを目指したもので、新しい人の移動や企業立地の促進が期待できる。しかし、日南市などが位置する県南部地域は、東九州自動車道が開通しておらず、依然として「陸の孤島」となっている。こうした地域に立地し衰退傾向にある商店街の活性化のために、自動車道の早期開通が待たれている。

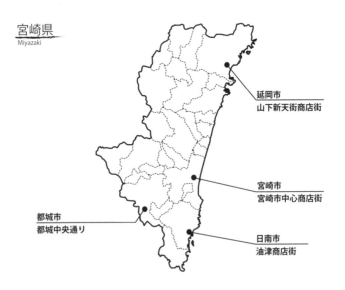

行ってみたい商店街

宮崎市中心商店街（宮崎市）
―南国宮崎の中心地―

　宮崎市の中心商店街は、橘通3丁目交差点から南に約150m伸び、宮崎山形屋やボンベルタ橘などが立地する橘通中央商店街、JR宮崎駅西口から伸びる県道25号線の1つ南側の通りに位置する若草通商店街、橘通3丁目交差点から西に伸びる国道10号線の1つ南側の通りに位置する一番街商店街、若草通商店街と一番街商店街の入口から南に約250m伸びる橘三番街商店街、宮崎山形屋裏に位置するハイカラ通り商店街・四季通り商店街の6商店街の総称である。これら6つの商店街が位置する宮崎市は、人口約37万人を抱える宮崎県の県都であり、南九州の政治・経済の中心的役割を持つ都市である。しかし、この宮崎市の中心市街地においても、全国の地方都市の例にもれず、販売額や店舗数の減少が続いており、衰退傾向に陥っている。具体的には、1997年からの10年間で、中心市街地の店舗数は、約300軒減少し、空き店舗率は、2006～10年の5年間で増加を続け、2010年には19.1％となるなど、商業機能の郊外分散化の影響を受けている。

　こうした状況を改善するために、中心商店街の6商店街を核とした地域を1つのショッピングモールと見立てて「Doまんなかモール」と名づけ、様々なイベントを開催することによって、減少した買い物客を少しでも呼び戻そうとしている。

　2017年で12回目を数えるみやざき国際ストリート音楽祭は、多彩なアーティストやミュージシャン、地元学校の吹奏楽部などが参加する地域密着型の音楽イベントで、宮崎市の中心市街地の各商店街が協力している。その他には、商店街を訪れる買い物客を増やすために、ファッションショーやダンスショーなど主に若者をターゲットにしたイベントが開催されている。また、空き店舗の増加に対処するため、商店街では数カ月おきに空き店舗の内覧会を開催している。こうしたイベントによって、徐々に活気を取り戻し、県都にふさわしい商店街となっていくことだろう。

都城中央通り（都城市）
―創業支援に取り組む城下町商店街―

　都城市は、県内第2位の規模を持つ地方都市で、宮崎市とともに県南部

の政治・経済の中心地としての役割を持っている。都城中央通りは、JR都城駅から南西約1.5kmに位置し、都城市中央部を南北に走る国道10号線沿いの商店街である。この商店街は、江戸時代から都城の中心部として栄え、市民の生活を支えてきた。しかし、この都城中央通りも、宮崎市中心部の商店街と同様に、買い物客の減少と空き店舗の増加に悩まされている。東九州の幹線道路である国道10号線沿線という立地から自動車の交通量は多いが、このメリットを十分に活かしきれていない。都城中央通りを行き交う歩行者の数は少なく、空き店舗や大きな駐車場が目立つ地域となっているが、かつては地元資本である大浦株式会社が経営していた都城大丸、寿屋都城店、ナカムラデパートの3つの百貨店が立ち並ぶ一大商業空間が形成されていた。これら3つの百貨店は、いずれも現在は閉店しており、このことが都城中央通りの衰退を加速させてしまった。

　このような衰退傾向にある都城中央通りの状況を改善するための取組みが、様々な団体によって実行されている。その1つが、都城中央通り沿いに整備されたオーバルパティオである。このオーバルパティオは、都城市の中心市街地における土地区画整理事業に合わせて、賑わいの増進や集客の向上を図るため、地元商業者でつくる協同組合が店舗を集団化し、イベント広場や駐車場を備えた魅力ある商業空間を整備したものである。このオーバルパティオには、2017年8月現在14店舗が営業している。そのなかには、3つのチャレンジショップも含まれている。チャレンジショップとは、商業・サービス業系の新規創業者への創業支援と中心市街地に賑わい空間を創出することを目的として都城市が整備した施設で、ここでは実際に販売や接客を体験してもらいながら夢の実現を支援している。こうした、若者による新規事業へのサポートを続けていくことによって、再び活気ある商店街となる日が待たれる。

山下新天街商店街（延岡市）
―県北の企業城下町の新しい顔―

　宮崎県北部に位置する延岡市は、約12万人が住む県北の政治・経済の中心地であり、旭化成の創業地として多くの関連工場が立ち並ぶ、宮崎県屈指の工業都市でもある。延岡市の商業中心地区は、JR延岡駅周辺で、駅の西南方向に山下新天街商店街がある。ここには、1919年開業のアヅマヤ百貨店が、延岡市の商業の中心としての役割を果たしていた。しかし、郊外型の大規模な商業施設が完成すると、徐々に客足が遠のいた結果、

2000年に閉店してしまい、JR延岡駅周辺の商店街は衰退していった。

　延岡市は、こうしたJR延岡駅周辺の衰退傾向を改善してかつての賑わいを取り戻すために、2007年アヅマヤ百貨店の跡地に、新しくココレッタ延岡を整備した。さらに、ココレッタ延岡の西側に位置する山下新天街商店街のアーケードも建て替えられた。この2つを整備することによって新しい商業空間をつくり出した。

　建て替えられた山下新天街商店街は、「夢・心・感動のあるおせったいのまち」をキーワードに、様々な取組みを実行している。例えば、2002年から、毎月1・11・21日の月3回、延岡門前市を開催している。この定期市では、野菜、海産物、生花、菓子をはじめ、商店街のワゴンセールも実施されている。定期市開催日は、商店街の通行量が平日の約1.5倍に増加し、女性を中心とした多くの買い物客で賑わっている。また、空き店舗を活用した取組みも実行されている。空き店舗を市民・学生の活動の拠点として提供し、農業高校や海洋高校の農水産加工品をはじめとする新鮮野菜や卵などを販売する店舗などが誕生した。その結果、商店街に若い声が響きわたり、まちの活気・活力の源になり、話題性があり、多くの買い物客が訪れるようになった。

油津商店街（日南市）

―民間人による商店街活性化―

　県南部に位置する日南市は、九州の小京都と呼ばれる飫肥や日南海岸国定公園などの豊かな観光資源を持つ地方都市である。飫肥の外港であった油津は、県南地域のなかで最も発達した市街地を形成しており、商店街も発達していた。しかし、近年、近隣地域への大型商業施設の進出に伴う買い物客の減少と空き店舗・空き地の増加に悩まされている。こうした問題を解決するために、2013年に日南市は中心市街地活性化事業の一環としてまちづくりや商店街活性化に実績がある民間人を登用し、4年で20店舗の誘致を目標とする油津商店街の再生事業を開始した。

　商店街の再生事業が開始されてから、様々なイベントが開催され、新しい店舗も次々とオープンした。例えば、空き店舗を利用したフリースペース「Yotten」がオープンし、市民との交流の場が設けられ、七夕祭りやファッションショーなどのイベントも開催され、市民の関心を集めた。これまでまったく商店街に興味を持っていなかった市民が、商店街に興味を持ち、関わろうとするきっかけをつくることに成功したのである。

IV　風景の文化編

2015年に多世代交流モールがオープンし、市民が使用できるスタジオ、スクール、フリースペースからなる「油津 Yotten」、スイーツからベビー服、まつ毛美容まで多岐にわたる店舗が入る「ABURATSU GARDEN」、オーナー全員が宮崎県出身だという飲食店が並ぶ「あぶらつ食堂」、日南でキャンプを張る広島カープを応援する「油津カープ館」など、子どもからお年寄りまで楽しめる場所が誕生した。こうした新しい施設のオープンによって、徐々に買い物客が油津商店街に戻り、賑わいを取り戻していった。さらに、地域外の企業が日南市に進出し、地元の若者の雇用の創出にもつながっている。

こうした日南市のケースは、民間人の登用によって商店街の活性化に成功し、地域外からの企業進出にもつながり、地域の活性化が大いに成功した例として、全国的な注目を集めている。

コラム

プロスポーツキャンプ地の商店街

近年は様々なプロスポーツリーグが生まれており、商店街活性化の手段として誘致合戦も盛んである。公式戦開催地の商店街では選手や関係者、ファンによる購買増加が期待され、地方のキャンプ地ではキャンプ期間中賑わいが生じる意義は大きい。同一チームのキャンプ地になっている期間が長いほど結び付きは強く、活性化に向けた取組みも活発である。

1963年から広島カープが春季キャンプを行う日南市では「広島東洋カープ協力会」を結成して、ポスターの配布、歓迎幕の設置などに商店街も協力し、広島での公式戦には応援ツアーを組み、現地で物産展も開催している。また、商店街内に「油津カープ館」を設けたほか、台風で損壊した屋根を覆うように、チームカラーである赤色を中心とする彩鮮やかな230本のビニール傘をつるすアンブレラスカイが開催されている。こうしたイベントを開催することで、キャンプの見物客を商店街に呼び込むことができ、地域活性化につながることが期待できる。

花風景

都井岬のアジサイ

地域の特色

東は太平洋の日向灘に面し、北と西は広大な九州山地が占め、南西には霧島火山群が連なり、南端には志布志湾を囲んで都井岬が突き出している。霧島火山群から大淀川が発し、都城盆地を経て、宮崎平野へと東流する。九州山地からの河川は東流して、渓谷や秘境を生み、延岡、日向、西都などの町を形成した。古代の一時期には栄え、古墳群が数多く存在する。近世には延岡藩、高鍋藩、飫肥藩などが発展するが、薩摩藩、人吉藩（現熊本県）、天領なども入りくんだ。太平洋側の暖温帯の気候である。

花風景は、近代の初頭から植え続けられた歴史あるサクラ名所、近世の城郭跡の自生の花木、現代の観光のための古墳群に広がる花畑や多彩な花を咲かせる園地、自然地域に群生する花木などが特徴的である。

県花は、当初NHKなどが公募で選び、後に宮崎県80周年を記念して制定したヒガンバナ科ハマオモト属の草花のハマユウ（浜木綿）である。独特のそりかえった細く白い花と、厚みと艶のある緑の葉が南国情緒を生み出している。花は夕方から開花し始め、深夜に満開になり、芳香を放つ。温暖な海岸に生育する海浜植物であり、青島や海岸に多く自生している。

主な花風景

母智丘のサクラ　＊春、日本さくら名所100選

都城盆地の北西部にあり延長2キロ弱のサクラ並木のトンネルの先に母智丘神社がある。花期に、小高い神社から見下ろす母智丘公園と参道のサクラの帯は圧巻である。

姶良カルデラからの火砕流が堆積したシラス台地上に位置し、神社は台地から少し頭を出す丘陵に位置する。明治の初め、都城島津家に代わって都城の統治を任された三島通庸が、この台地に300本のサクラを植え、荒

凡例　＊：観賞最適季節、国立・国定公園、国指定の史跡・名勝・天然記念物、日本遺産、世界遺産・ラムサール条約登録湿地、日本さくら名所100選などを示した

廃していた稲荷神社を母智丘神社としたことに始まる。その後、大正から昭和初期に黒岩常次郎、江夏芳太郎といった都城の実業家がサクラを寄贈し、参道のサクラが形づくられていく。江夏は昭和初期に霧島の国立公園選定のため写真帖をつくり配布するなど、地元の観光振興に力を尽くしている。現在、ソメイヨシノ、ヤエザクラなど2,600本のサクラが見られる。

延岡城跡・城山公園のヤブツバキ　＊冬

　宮崎県北部、五ヶ瀬川が河口手前で大瀬川と分流し、その中洲の標高50メートルほどの城山を中心とする公園に、3,300本ほどのヤブツバキが自生している。白色の花が多く、ピンク色、濃紅色の花もそこここに開き、12月から3月の期間、多彩な花を見せてくれる。

　城山には1603年（慶長8年）に縣城が築かれ、後に延岡城と改称される。この地のヤブツバキが注目されたのは近年のことである。1983（昭和58）年に当時の県農林振興局の職員がこの地のヤブツバキに注目し調査し、85（同60）年に延岡市に調査結果を報告した。石垣の隙間に生育している木が多いこと、一定の間隔で生育していないことなど、人為的に植栽されたものではないと考えられ、自生のツバキ群落として全国的にも珍しいとされる。この地のヤブツバキは、花の色、花の形の変異が大きく、形は筒状、ラッパ状、椀状など6通りのものが確認されており、色は白色、淡桃色、桃色、紅色、濃紅色が見られ、白や淡桃の花弁に濃い桃色や紅色の模様が入る「絞り」や紅や桃色の花弁の周縁に細く白色や紅色が出る「覆輪」など、突然変異で生じる花が多様である。そして、現在もその変異の幅が広がっている。まとまって一斉に咲く風景はないが、一つ一つの樹の花の違いを楽しむことができる。

西都原古墳群のナノハナとコスモス　＊夏・秋、特別史跡

　宮崎平野の北西部には、「○○原」と呼ばれる段丘地形が多く見られ、西都原は一ツ瀬川の右岸に形成された台地。この地に3世紀末頃から7世紀中頃に築造されたと推定される300余りの古墳が点在する西都原古墳群がある。中心にある「このはな館」の前の約8ヘクタールの畑には春になるとナノハナが広がり、それを縁取るように約2,000本のソメイヨシノが咲く。ピンクと黄色のコントラストが美しい。同じ場所が夏にはヒマワリに、

秋には300万本のコスモスが咲く。

　西都原古墳群は、大正期から本格的発掘調査が開始され、1934（昭和9）年に史跡、52（同27）年に特別史跡の指定を受けている。66（同41）年度からは、国により、史跡を自然環境と一体として広域保存し資料館の設置公開などを進める「風土記の丘」事業が開始され、68（同43）年にその第1号として「西都原風土記の丘」が開設された。特別史跡のほとんどが民有地となっていたが、この事業により、公有地化、公園の造成、資料館建設が県によって進められ、その後の古墳や古墳群整備のモデルの一つとなった。2004（平成16）年には西都原考古博物館の設置など、史跡としての保存、利用が進められている。西都原古墳群は県内で一、二を争う観光地となっているが、古墳の存在はもちろんのこと、季節ごとに多くのボランティアによって植物を植え替え、四季それぞれの花風景を見せることによって支えられている。

こどものくにのツバキとバラ　*冬・春・秋、日南海岸国定公園

　宮崎県中南部に広がる宮崎平野の最南端、砂丘地に広がる公園。椿園では1月から3月にかけて400種、1,000本のツバキに、バラ園では春、秋に300品種、3,500株のバラに包まれる。

　「こどものくに」は、経営不振であった宮崎鉄道の社長となった岩切 章太郎（いわきりしょうたろう）が沿線の観光開発の一環として1939（昭和14）年に「子供の国」として開園した。第2次世界大戦後、青島（あおしま）から都井岬（といみさき）までの海岸を「日南海岸（にちなんかいがん）」として宮崎の観光の中心とする活動が繰り広げられ、55（同30）年に国定公園として指定される。49（同24）年に改称された「こどものくに」には56（同31）年にバラ園が新設される。宮崎市内の岩切邸の庭にバラが植えられ、開花時期には市民に開放されており、市民の希望を入れてここにバラ園がつくられたという。この時期、ハイビスカスやハマユウも植栽され、椿園（つばきえん）も開園し、花の公園となった。60（同35）年の清宮内親王（すがのみや）の新婚旅行、62（同37）年の皇太子ご夫妻の来訪が相次ぎ、日南海岸は新婚旅行の地として多くの来訪者を迎え、こどものくにはその一角を担った。2017（平成29）年にリニューアルされたが、バラ園と椿園は岩切の遺志を受け継ぎ維持継承されている。リニューアルに合わせ公園の名称も「岩切章太郎メモリアルパークこどものくに」と改称され、宮崎の観光を支え続けてきた花風景で

Ⅳ　風景の文化編　　153

ある。

都井岬のアジサイとヒガンバナ　*春・秋、日南海岸国定公園、天然記念物

　宮崎県の最南端、太平洋に突き出した長さ3.5キロほどの断崖絶壁で囲まれる半島状の都井岬。日本在来の馬の生息地として知られるが、5月から6月には岬先端に向かう沿道にアジサイの列が続き、9月下旬には赤い帯状のヒガンバナと草地のシバの緑とのコントラストが鮮やかで、その中で悠然と草を食むウマの姿も都井岬に独特の風景となっている。

　都井岬の放牧地は、1697（元禄10）年に高鍋藩秋月家が軍馬を生産するための牧場、御崎牧を開いたことに始まり、明治維新後、地元で組織した御崎牧組合に払い下げられる。1953（昭和28）年に日本の在来馬が維持されているものとして「岬馬とその繁殖地」が天然記念物に指定され、68（同43）年には都井岬馬保護対策協力会が発足、御崎牧組合に協力し、今日まで維持されている。

　岬の沿道に広がる1万株ほどのアジサイは、地元、都井岬振興会がボランティアによって1995（平成7）年から植栽を始めたもの。草原では、ヒガンバナの他、オキナグサ、ムラサキセンブリなどの草原性の希少植物も見られ、放牧地がもたらした風景が見られる。

生駒高原のコスモス　*秋

　さまざまなタイプの火山が連なり火山の博物館とも称される霧島連山。その連山の北端に位置する夷守岳の北麓、標高500メートルほどの高原は、9月から10月にかけてコスモス、キバナコスモスのピンク、紅色、白色、橙黄色の花で一面を覆われる。その数100万本といわれる。

　コスモスは熱帯アメリカ原産の園芸植物で、メキシコからヨーロッパに渡り、日本には明治初期に導入された。和名はオオハルシャギク、アキザクラとも呼ばれるが、学名のコスモスが一般に使われている。早くから国内で広く栽培されていたが、生駒高原のコスモスは、1957（昭和32）年、翌年に一部開通が予定されていた霧島連山を小林市から鹿児島県牧園町まで縦断する有料道路の開通を前に、道路入口に彩りを加えるために宮崎交通と小林市観光協会がコスモスの種を播いたことに始まる。63（同38）年には、日本で最初のコスモス園として開園し、現在まで、苗から育てたコ

スモスを手植えして一面のコスモスの風景をつくり出している。コスモス
の品種も多くあるが、別種のキバナコスモスの橙黄色の花が夏の終わりか
ら長期間楽しめる。この種は繁殖力が強く、道路沿いで見かけることも多
い。春にはポピー、夏にはサルスベリ、アメリカフヨウ、サルビアとコス
モスの季節以外も「花の駅　生駒高原」は花に彩られる。高速道路のイン
ターにも近く、霧島連山へ向かう道路の入口に位置する生駒高原もまた、
宮崎県の観光資源の開発を進めた岩切章太郎が残した花風景である。

霧島連山のミヤマキリシマ　＊春、霧島錦江湾国立公園

　宮崎と鹿児島両県にまたがる霧島連山では、えびの高原、中岳、新燃岳、
高千穂峰などに広くミヤマキリシマが見られ、宮崎県側では、5月中旬頃
から硫黄山の斜面で開花し、その後つつじヶ丘で、6月中旬頃には標高の
高い韓国岳へと開花場所を移し、紅紫色から薄紫色の花がそこここに広が
る。

　ミヤマキリシマは火山活動によって攪乱された山肌に生育し、硫黄山で
は地熱の影響でつつじヶ丘より開花時期が早いといわれる。つつじヶ丘は、
6ヘクタールに約3万株が見られ、霧島連山でも有数のミヤマキリシマの
群生地となっている。霧島山系では、標高1,000メートルより高い場所で
はミヤマキリシマ、標高700メートル以下はヤマツツジが、その間では両
者の雑種であるキリシマツツジの集団があるとされる。元禄年間（1688〜
1704年）に霧島から取り寄せた種類キリシマにより江戸でツツジの園芸
ブームが起こるが、これはキリシマツツジであり、江戸時代に日本中で栽
培されたという。

　ミヤマキリシマの群生が美しいえびの高原もまた、宮崎の観光の立役者
である岩切章太郎によって見いだされた。1952（昭和27）年に最初に訪れ
た際、高原の景観に驚き、美しい景観を妨げる樹木や薮を除き、赤松の自
然林やミヤマキリシマの群落が観賞できる場所の創出を導いたという。

公園／庭園

国立公園霧島山

地域の特色

　宮崎県は九州の南東部、太平洋の日向灘に面し、北部と西部は広大な九州山地が占めて大分・熊本県に接し、南西部は霧島火山群が連なり鹿児島県に接し、南端には志布志湾を囲んで都井岬が突き出している。県南東部には霧島火山群から大淀川が東流し、下流には宮崎平野が広がり、上流部には都城盆地がある。宮崎平野の南には鰐塚山地と日南の町がある。九州山地は大分県境に位置する祖母山を最高峰として、急峻なV字谷を形成する奥深い壮年期の山岳地帯である。九州山地からは河川が東流し、上流部には高千穂、椎葉、米良などの渓谷・秘境を生み、日向灘沿いの下流部に延岡、日向、西都などの町を形成した。

　世界農業遺産「高千穂郷・椎葉山地域の山間地農林業複合システム」に認定され、照葉樹林を大切にしている綾町はユネスコエコパークに登録されている。温暖多雨な気候から山地には照葉樹林が発達し、海岸沿いには亜熱帯性植物も見られる。海岸線は単調ではあるが、宮崎県は古くから道路の緑化による沿道景観に力を入れてきた。古くは日向の国といわれ、日向は天孫降臨神話発祥の地として知られ、ゆかりの地は県内各地に伝承され、皇国史観が浸透している。古代の一時期には栄え、平野を見おろす台地縁辺部には西都原をはじめ大規模な古墳群が数多く存在する。戦国時代には薩摩（現鹿児島県）島津藩が支配し、近世には延岡藩、高鍋藩、飫肥藩などが発展するが、薩摩藩、人吉藩（現熊本県）、天領なども入り組み、所領関係は不安定で、日向としての地域的統一性を確立できなかったといわれている。隣の鹿児島県や熊本県が強力なアイデンティティを築いたこととは対照的である。

　自然公園は霧島火山群が傑出しているが、山岳、峡谷、海岸も多彩である。都市公園は古墳群を生かしたものや皇紀2600年記念（1940）にちなむものなどが特徴的である。

主な公園・庭園

霧島錦江湾国立公園霧島山 ＊日本百名山

　霧島山は宮崎県と鹿児島県にまたがる霧島火山群の総称である。桜島などに連なる霧島火山帯を形成している。霧島山は韓国岳（1,700ｍ）を最高峰として、2011（平成23）年に大噴火した新燃岳や天孫降臨神話の高千穂峰、高千穂峰西麓の寄生火山でたびたび噴火している御鉢など多くの火山が集まっている。どれも円錐形の山容で、頂上には直径数百メートルの円形の火口をもっている。一帯には御池、大浪池など円形の火口湖も多い。ミヤマキリシマ、キリシマミツバツツジ、キリシマエビネなどキリシマの名のつく植物が多くあり、美しい花を咲かせている。えびの高原は一説にススキの穂が葡萄色（赤紫色）に枯れることからその名が付いたといわれる。硫黄の危険な噴気現象があるものの、ノカイドウの美しい花の風景を見せたりする。鹿児島県側には、由緒ある歴史をもつ霧島神宮と神宮林があり、また、霧島温泉をはじめ温泉地が多く、1996（平成8）年稼働の地熱発電の大霧発電所がある。

　天孫降臨神話の高千穂峰には神話にちなんで天の逆鉾が立っている。鉾とは古代の装飾性の高い槍のようなものであり、逆さに柄の方から刺しているのである。この神話には、江戸時代の知識人たちも好奇心を駆られていた。古川古松軒は天の逆鉾について、それを実見した京都の橘石見之助の紀行文を読んで、到達がいかに大変かを知って、見に行くことを断念する。橘石見之助とは橘南谿にほかならない。古松軒は天の逆鉾には懐疑的で、逆鉾を立てたのは薩摩・日向（現鹿児島・宮崎県）などの守護大名島津義久だろうと合理的な見方をする。南谿は地元の勇壮な案内人を雇い、風雨の悪天候のなか馬の背を苦労して歩き霧島山に登る。ようやく頂上の天の逆鉾にたどりつき感動する。天の逆鉾については、古い物であり、「天下の奇品」だと評する。南谿は合理的な眼をもっていたが、それでも霧島山の神の怒りにふれるかもしれないと恐れる。

　幕末の1866（慶応2）年、南谿の紀行文を詳しく読んで、天の逆鉾に興味をもったもう一人の人物がいた。しかも、彼はわが国初の新婚旅行の途中で、夫人とともに山頂まで登った。坂本龍馬と妻のおりょうである。簡単

Ⅳ　風景の文化編　157

に登れる山ではないが、二人とも天の逆鉾に到達し、天狗の面を着けた青銅器に笑いあい、引き抜いて、埋め戻していた。古松軒は霧島山は九州一の険阻な深山だと指摘し、谷文晁の『日本名山図会』(1812) も近づきがたい奥山として描いている。おりょうの登山には感心せざるをえない。

目 日南海岸国定公園日南海岸　　＊特別天然記念物、天然記念物

　日南海岸国定公園は宮崎県の青島から鹿児島県の志布志湾にいたる海岸で、ビロウなどの亜熱帯植物や砂岩と泥岩の互層の凹凸となっている鬼の洗濯岩などが見られる。宮崎県は、海岸道路にフェニックス (ヤシ科の植物) を植えるなど、戦前から南国情緒を醸し出す沿道修景に力を注いできたが、1969 (昭和44) 年、全国初の沿道修景に関する「宮崎県沿道修景美化条例」を制定する。海外旅行がまだ難しい1960年代、異国情緒を感じられるフェニックスハネムーンとして新婚旅行のメッカになっていた。

　日南海岸の都井岬は自然学の今西錦司が1948 (昭和23) 年に半野生馬の動物社会学研究を行い、初めて個体識別法が用いられた場所である。52 (昭和27) 年、今西の研究グループが都井岬の北の幸島のニホンザルの餌付けに成功し、後に世界的な霊長類研究に発展するわが国のサル学研究が始まる。今西は、チャールズ・ダーウィンの『種の起源』(1859) で著された生存競争・弱肉強食・自然淘汰・適者生存の概念からなる進化論を批判し、強者も弱者も棲み分け、生物全体が共生しているという「棲み分け理論」を打ち立て、日本的な文明史観を唱える今西学派を形成していった。

目 祖母 傾 国定公園高千穂峡　　＊名勝、天然記念物、日本百名山

　高千穂峡は五ヶ瀬川上流のV字谷で、柱状節理などの絶壁の断崖が続き、崖上のおのころ池から落ちる真名井の滝など多くの滝がある。高千穂神社があり、国生み神話の天孫降臨の地の伝承がある。祖母傾国定公園は大分県と宮崎県にまたがり、祖母山 (1,756m)、 傾 山、大崩山などが県境に連なる。九州のツキノワグマは絶滅したが、最後に捕獲された地域である。

都 特別史跡公園西都原古墳群　　＊特別史跡、日本の都市公園100選、日本の歴史公園100選

　西都原古墳群は311基の大小の古墳がひしめく遺跡である。宮崎県のほぼ中央に位置する西都市の南東の台地に古墳時代を通じてつくり続けられ

たと考えられている。古墳は円墳が最も多く279基、次に前方後円墳31基、方墳は1基である。3世紀後半から5世紀前半にかけて東側に比較的小さな前方後円墳が16基つくられ、その後5世紀の中頃にかけて台地の中央に日本最大級の帆立貝形古墳の男狭穂塚と九州最大の前方後円墳である女狭穂塚がつくられた。5世紀後半以降からおびただしい数の円墳が中心部につくられるようになり、6世紀中頃以降に再び前方後円墳がつくられ7世紀初めには古墳の造営が終了したと考えられている。

　本格的な発掘調査が始まったのは大正時代で、1934（昭和9）年には史跡に52（昭和27）年には特別史跡に指定され、その後も数回にわたり追加指定されて範囲が拡大している。67（昭和42）年には風土記の丘第1号として特別史跡公園西都原古墳群が開園した。風土記の丘は地域の史跡をさまざまな資料と一体的に保存し、文化財に親しむための整備をする目的でつくられた制度である。公園は68haにおよぶ広大な敷地を予定して計画され、西都原杉安峡県立自然公園の特別地域にも重なっている。

　古代に築かれた時には葺石で覆われていた古墳は長い年月が経って樹木に覆われてしまっていたが、復元整備により違う姿を見せることになった。形を復元して芝生を張ったものや葺石のもの、屋根をかけて保護し、発掘した遺構を露出させたものなど古墳の多様な見せ方が試みられている。ただし、男狭穂塚と女狭穂塚は1895（明治28）年に陵墓参考地に指定され立ち入り禁止となっているため現在も鬱蒼とした樹林地である。7世紀初頭につくられたとされる鬼の窟古墳には西都原古墳群で唯一の巨石でつくられた横穴があり、中に入って見学することができる。2003（平成15）年にはガイダンスセンターこのはな館が、翌年には考古学専門のフィールドミュージアムとして宮崎県立西都原考古博物館が開館した。公園では古墳の風景とともにウメ、サクラ、菜の花、ヒマワリ、コスモスなど四季折々の花を楽しむことができる。出土した馬具類は「日向国西都原古墳出土金銅馬具類」として国宝に指定されているが、現地ではなく東京の五島美術館に収蔵されている。

都 平和台公園

　平和台公園は宮崎市の市街地北部の丘陵地にある。戦争と平和がねじれたかたちで現れた公園である。「八紘一宇」とは天下を一つの家のようにす

IV　風景の文化編　159

るという意味で、第二次世界大戦中は大東亜共栄圏の建設を意味し、日本の海外戦を正当化するスローガンとして用いられた。同公園にはこの言葉が刻まれたモニュメント「平和の塔」がある。高さ30mを超す巨大な塔は1940（昭和15）年に「八紘之基柱」として皇紀2600年を記念して日名子実三が制作したものである。塔に使われた約1,900個の石のうち約1,500個の送り主が判明しており、そのうち350個余りが軍事支配していた中国などの日本軍部隊から送られたものであるという。塔の設置場所には神武天皇の宮居があったと伝わる皇宮屋近くの見晴らしのよい丘陵地が選ばれ、公園の場所は当時八紘台と呼ばれていた。敗戦後はGHQによって八紘一宇の文字が削られ「平和の塔」と呼ばれるようになり、八紘台は「平和台公園」となった。1961（昭和36）年度には「はにわ園」が整備され、約400体のはにわが樹林の間に点々と並べられた。翌年には皇紀2600年にちなんで2,600坪の広さで塔の前の広場が整備された。東京オリンピックの聖火リレー第2コースの起点となったことから塔をもとの姿に戻す運動が起こり1965（昭和40）年には前述の「八紘一宇」の文字が復元されたのである。日を限って平和の塔の内部公開も行われている。

都 宮崎県総合運動公園　＊日本の都市公園100選

　宮崎県総合運動公園は、宮崎市の海沿いに位置する。野球場4面とラグビー場、サッカー場、自転車競技場、陸上競技場、テニスコート、プール、武道館、体育館からゲートボール場にいたるまで、あらゆるスポーツに対応できる施設が154haの敷地に整備されている。プロ野球球団がキャンプをすることでも有名である。置県80周年記念事業として1963（昭和38）年に構想が発表され81（昭和56）年に完成した。海岸沿いは厚みのあるマツの樹林が残されており、高千穂峡の真名井の滝など県内各地の名勝をデザインに取り入れた回遊式の日本庭園「日向景修園」や西都原古墳をミニチュアで再現した風土記の丘がある。中央広場のモニュメントと噴水の御影石は宮崎市にあった橘橋の高欄の一部を用い、マツ並木のマツは宮崎港の建設で撤去されたものを移植するなど再利用と経費節約のための工夫がみられる。

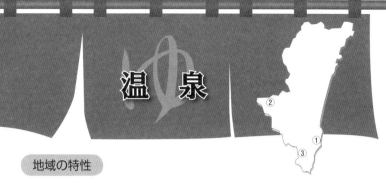

温泉

地域の特性

　宮崎県は、九州の南東部を占め、西は九州山地で占められ、阿蘇山の溶岩が五ヶ瀬川の浸食で削られた高千穂峡や平家の落人が住んだという椎葉の山里がある。高千穂峡では、11月下旬に夜を徹して夜神楽が演じられる。東は太平洋に面して宮崎平野が広がり、大根、キュウリ、葉タバコなどが栽培され、豚、ブロイラーの畜産も盛んである。観光の島である青島では、亜熱帯のビロウ樹やハマユウなどが茂り、波の浸食で形成された「鬼の洗濯板」が見事である。さらに、南へ行けば海岸の岩が浸食された洞穴が鵜戸神宮の社となっている。その先の日南市では、旧城下町の武家屋敷や土蔵が残されていて、「重要伝統的建造物群保存地区」に指定されている。

◆旧国名：日向　県花：ハマユウ　県鳥：コシジロヤマドリ

温泉地の特色

　県内には宿泊施設のある温泉地が40カ所あり、42℃以上の高温泉が多く、半数を占めている。南国ムードに溢れ、かつては新婚旅行のメッカでもあったが、温泉の立地条件に恵まれずに年間延べ宿泊客数は78万人で、都道府県の38位にとどまっている。青島や大淀河畔の温泉地が、年間各20万〜30万人の延べ宿泊客を集めて有力であるが、これに次ぐ高千穂は10万人前後である。

主な温泉地

①青島　塩化物泉

　県南東部、日南海岸国定公園北端に位置し、宮崎観光の中心をなす青島の対岸にある温泉地である。青島は鬼の洗濯板とよばれる海食地形と熱帯植物の檳榔樹で有名であり、県立青島熱帯植物園や「こどものくに」もあ

IV　風景の文化編

って、宮崎観光の拠点となっている。規模の大きな温泉付き宿泊施設が集まっており、青島地区に滞在する客も多い。宮崎観光が発展した背景には、青島、鵜戸神宮を中心に、鹿児島県の霧島、指宿などと一体化して、それぞれの温泉地、観光地の個性の違いを活かして連携してきたからに他ならない。

交通：JR日豊本線宮崎駅、バス30分

②えびの高原　硫酸塩泉

　県中西部、鹿児島県境に接していて霧島温泉郷にも近い温泉地である。九州自動車道が通り、交通の便もよい。韓国岳の標高1,200mのえびの高原に位置しており、噴出する蒸気を加えた温泉は毎分1,600ℓも湧出している。温泉ホテルや国民宿舎があり、登山、ハイキング、キャンプやテニス、冬季のスケートなどの客が多く、市営の露天風呂も設置されている。

交通：JR吉都線（えびの高原線）小林駅、バス1時間

③綾　塩化物泉

　県中央部、宮崎市の20kmほど西に、大淀川の支流に広がる綾町に誕生した温泉施設がある。綾町は照葉樹林で覆われた森林地域として知られ、1982（昭和57）年に九州中央山地国定公園に指定された。「綾の照葉大吊橋」が架設されており、橋から先は2kmほどの自然遊歩道が続いている。ここにある酒造会社の「蔵元　綾　酒泉の杜」が、内湯のほか露天風呂や蔵元ならではの酒風呂、薬湯風呂、電気風呂、サウナなど多彩な浴場を整備して、観光客に喜ばれている。

交通：JR日豊本線南宮崎駅、バス50分

執筆者 / 出典一覧

※参考参照文献は紙面の都合上割愛
しましたので各出典をご覧ください

I　歴史の文化編

【遺　　跡】　石神裕之　（京都芸術大学歴史遺産学科教授）『47都道府県・遺跡百科』(2018)

【国宝／重要文化財】　森本和男　（歴史家）『47都道府県・国宝／重要文化財百科』(2018)

【城　　郭】　西ヶ谷恭弘　（日本城郭史学会代表）『47都道府県・城郭百科』(2022)

【戦国大名】　森岡 浩　（姓氏研究家）『47都道府県・戦国大名百科』(2023)

【名門／名家】　森岡 浩　（姓氏研究家）『47都道府県・名門／名家百科』(2020)

【博物館】　草刈清人　（ミュージアム・フリーター）・可児光生　（美濃加茂市民ミュージアム館長）・坂本 昇　（伊丹市昆虫館館長）・髙田浩二　（元海の中道海洋生態科学館館長）『47都道府県・博物館百科』(2022)

【名　　字】　森岡 浩　（姓氏研究家）『47都道府県・名字百科』(2019)

II　食の文化編

【米／雑穀】　井上 繁　（日本経済新聞社社友）『47都道府県・米／雑穀百科』(2017)

【こなもの】　成瀬宇平　（鎌倉女子大学名誉教授）『47都道府県・こなもの食文化百科』(2012)

【くだもの】　井上 繁　（日本経済新聞社社友）『47都道府県・くだもの百科』(2017)

【魚　　食】　成瀬宇平　（鎌倉女子大学名誉教授）『47都道府県・魚食文化百科』(2011)

【肉　　食】　成瀬宇平　（鎌倉女子大学名誉教授）・横山次郎　（日本農産工業株式会社）『47都道府県・肉食文化百科』(2015)

【地　　鶏】　成瀬宇平　（鎌倉女子大学名誉教授）・横山次郎　（日本農産工業株式会社）『47都道府県・地鶏百科』(2014)

【汁　　物】　野﨑洋光　（元「分とく山」総料理長）・成瀬宇平　（鎌倉女子大学名誉教授）『47都道府県・汁物百科』(2015)

【伝統調味料】　成瀬宇平　（鎌倉女子大学名誉教授）『47都道府県・伝統調味料百科』(2013)

【発　　酵】　北本勝ひこ　（日本薬科大学特任教授）『47都道府県・発酵文化百科』(2021)

| 【和菓子／郷土菓子】 | 亀井千歩子 （日本地域文化研究所代表）『47都道府県・和菓子／郷土菓子百科』(2016) |
| 【乾物／干物】 | 星名桂治 （日本かんぶつ協会シニアアドバイザー）『47都道府県・乾物／干物百科』(2017) |

Ⅲ　営みの文化編

【伝統行事】	神崎宣武 （民俗学者）『47都道府県・伝統行事百科』(2012)
【寺社信仰】	中山和久 （人間総合科学大学人間科学部教授）『47都道府県・寺社信仰百科』(2017)
【伝統工芸】	関根由子・指田京子・佐々木千雅子 （和くらし・くらぶ）『47都道府県・伝統工芸百科』(2021)
【民　話】	田畑千秋 （大分大学名誉教授）／花部英雄・小堀光夫編『47都道府県・民話百科』(2019)
【妖怪伝承】	小山博 （宮崎県立図書館主幹）／飯倉義之・香川雅信編、常光徹・小松和彦監修『47都道府県・妖怪伝承百科』(2017)イラスト©東雲騎人
【高校野球】	森岡浩 （姓氏研究家）『47都道府県・高校野球百科』(2021)
【やきもの】	神崎宣武 （民俗学者）『47都道府県・やきもの百科』(2021)

Ⅳ　風景の文化編

【地名由来】	谷川彰英 （筑波大学名誉教授）『47都道府県・地名由来百科』(2015)
【商店街】	中山穂孝 （就実大学人文科学部講師）／正木久仁・杉山伸一編著『47都道府県・商店街百科』(2019)
【花風景】	西田正憲 （奈良県立大学名誉教授）・上杉哲郎 （㈱日比谷アメニス取締役・環境緑花研究室長）・佐山浩 （関西学院大学総合政策学部教授）・渋谷晃太郎 （岩手県立大学総合政策学部教授）・水谷知生 （奈良県立大学地域創造学部教授）『47都道府県・花風景百科』(2019)
【公園／庭園】	西田正憲 （奈良県立大学名誉教授）・飛田範夫 （庭園史研究家）・黒田乃生 （筑波大学芸術系教授）・井原縁 （奈良県立大学地域創造学部教授）『47都道府県・公園／庭園百科』(2017)
【温　泉】	山村順次 （元城西国際大学観光学部教授）『47都道府県・温泉百科』(2015)

索　　引

あ 行

憶遺跡	15
青島	4, 161
青島亜熱帯植物園	36
青島ういろう	95
青島神社裸参り	102
赤木家	32
秋月家	32
あくまき（灰汁巻き）	55
アサヒガニ（旭蟹）	65
アジサイ	154
小豆	49
あっまっ	94
厚焼き玉子	72
油津商店街	149
甘い赤飯	51
天岩戸神社	106
綾	162
綾川焼	136
あゆずし	63
荒武氏	28
アワ	49
安楽寺	110
生目	141
生駒高原のコスモス	154
いこもち	95
勇魚	93
石山の花相撲	52
イチゴ	59
伊東氏	7, 28, 31, 41
伊東家	32
イノシシのつと巻き	70
イノシシ料理	70
いもだんご	54
いもん子の吸物	81
いりこ餅	95
岩切（名字）	43
岩熊頭首工	50
イワシ料理	64
上千野観光体験果樹園	61
牛越祭り	51
後牟田遺跡	13
ウニ料理	63
姥捨て山	119

ウメ	59
うるち米	47
えびの高原	162
えびの市歴史民俗資料館	38
えびの焼	136
大阿蘇どり	74
大崩山	141
大萩地式横穴墓群	16
大淀川学習館	36
皇賀玉饅頭	55
おきよせんべい	96
起きよ祭り	92
小田家	32
落ちアユ	64
おてんとそだち	47
御頭神社	108
おどけもの話	122
飫肥	141
飫肥城	24
オビスギ	2
飫肥せんべい	96
飫肥天	64, 89
お船出だご	91, 92
御田祭	51

か 行

かからん団子	95
カキ	59
かしわだご	94
かしわめし	72
かちぐり	97
かつお茶漬け	64
カツオめし	51
カツオ料理	64
河童	123
かにまき汁	81
かねんしゅい	81
釜揚げうどん	56
上郷用水	50
ガモジン	124
カリコボーズ	124
かるい	115
川南のもぐらたたき	51
かんころだご	54
完熟きんかんとさつま芋の	

もちもちガネ	60
かんしょ豚	68
上米良（かんめら／名字）	43
北浦の自然塩	85
北原氏	28
キビ	49
キャンプ地	150
旧黒木家住宅	21
享保水路	50
霧女	125
霧島錦江湾国立公園霧島山	157
霧島黒豚	68
霧島山麓とれとれ村 庭先	
たまご	75
霧島焼酎神社	90
霧島鶏	74
霧島東神社	109
霧島連山	4
──のミヤマキリシマ	155
切り干し大根	97
木脇氏	29
キンカン	57
鯨ようかん	55, 93
件	125
熊野原遺跡	15
クリ	58
けせん団子	95
巻纖（けんちゃん）汁	86
高原ハーブどり	73
高原豚	68
興梠（名字）	43
国際交流センター小村記念	
館	38
コシジロヤマドリ	76
コシヒカリ	47
コスモス	152, 154
こっぱだご	54
こどものくにのツバキとバ	
ラ	153
小林チョウザメずし	50
小林西高	130
こぶりだご	55
小松原焼	114, 135

165

小峰焼	136
小麦	48
米の子	75
高麗菓子	95
惟宗忠久	7

さ 行

西都市	3
西都原考古博物館	36
西都原古墳群	4, 16, 158
西都原古墳群のナノハナと	
コスモス	152
サクラ	151
さつま純然鶏	73
さつま雅	73
砂糖・砂糖元（名字）	44
佐土原城	24
狭野神社	109
サバとアジのすし	63
サワラ料理	65
三ヶ所神社	107
椎茸の八杯汁	86
しいたけ味噌	85
椎葉	42, 142
椎葉厳島神社	107
椎葉神楽	104
島内地下式横穴墓群出土品	
	19
島津氏	7
島津家	33
下弓田遺跡	14
重黒木（名字）	44
醸造用米	48
焼酎	88
焼酎けーき霧島	73
醤油	78, 85, 88
食塩	78, 85
白玉饅頭	95
汁かけ飯	81
銀鏡神社	108
神武天皇	5, 92
杉安堰	50
スコール	89
すずっこ	60
スタミナエッグ	72
すねこ太郎	119
諏訪神社	109
聖心ウルスラ学園高	130
西南戦争	8
千石岩と鬼岩	120
センマイ料理	67

ソーダだこ	55
そば	49
ソバ団子	64
祖母傾国定公園高千穂峡	
	158

た 行

大蛇	125
大豆	49
鯛茶漬け	82
高千穂	142
高千穂神楽	104
高千穂神楽面	115
高千穂峡	4, 158
高千穂神社本殿	21
高千穂町歴史民俗資料館	37
高千穂の夜神楽	52
高鍋	143
高鍋高	130
高鍋城	25
田島氏	29
田代神社御田祭	103
たたき	64
ダチョウの飼育	75
谷家	33
田ノ上八幡神社	111
だんだん納豆	89
チーズとヨーグルト	89
チキン南蛮	6, 69, 71
朝鮮国王国書	20
つきいれ餅	95
つくら姿ずし	63
土持氏	29
ツバキ	153
都萬神社	90
寺崎遺跡	17
天狗	126
都井岬のアジサイとヒガン	
バナ	154
都井岬の野生馬	5
とうきびだご	54
豆腐の味噌漬け	89
トウモロコシ（スイートコ	
ーン）	49
特別飼育豊後どり	74
特別史跡公園西都原古墳群	
	158
トッテンタテクリの杵五郎	
	126
都於郡城	25
富島高	130

鶏刺し	72
鶏のたたき	72
鶏わさ	72

な 行

内藤家	9, 33
中武（名字）	43
長饅頭	96
ナシ	59
那須氏	30
那須家	34
七とこずし	51
ナノハナ	152
生漬沢庵	89
ナンコウ	60
ナンプウ	60
新名（にいな／名字）	43
西の正倉院	38
二条大麦	48
日南海岸	4
日南海岸国定公園日南海岸	
	158
日南学園高	131
日南高	130
日南市	3
日南どり	74
日章学園高	131
日本酒	88
日本ナシ	59
にわとりの丸焼き	69
温水（ぬくみず／名字）	44
農業科学館	37
ノバ	60
延岡学園高	131
延岡工（高）	131
延岡市	3
延岡商（高）	132
延岡城	25
延岡城跡・城山公園のヤブ	
ツバキ	152

は 行

はだか麦	48
はたっまっ	94
ハトムギ	48
はなかぐら	48
パパイア	58
パパイア生春巻き	61
浜砂（名字）	43
ハマユウ	4
はまゆうどり	69, 74

バラ	153	真方(名字)	44	宮崎日大高	133
ヒエ	49	マダイ料理	63	宮崎の親子丼	72
ヒガンバナ	154	松井用水路	50	宮崎ハーブ牛	67
日高家	34	松添貝塚	15	宮崎ハマユウポーク	68
火の玉	126	まびきの塩汁	81	宮崎都味どり	74
ヒノヒカリ	47	マンゴー	58	宮崎ロクロ工芸品	114
鶂野(ひばりの／名字)	44	──クリームチーズ白和		ミヤマキリシマ	155
ひむか神話街道	106	え	60	穆佐城	26
冷や汁(冷汁) 6, 64, 81, 86,		満潮の塩	85	むかでのり	89
89		神門神社	107	むっけ汁	82
日向学院高	132	神門神社本殿	20	メヒカリ御膳	63
日向国分寺跡	17	ミカン	59	メヒカリ料理	63
日向市	3	ミサキ・チッチ	127	米良氏	30
日向鶏	74	味噌	78, 85, 88	米良神楽	104
ヒュウガナツ	57	味噌だこ	55	米良家	34
日向夏と生ハムの押し寿司		三田井氏	30	メロン	60
	60	南方神社	108	木材産業	4
日向国児湯郡西都原古墳出		美々津	143	もすこ菓子	95
土金銅製馬具	3	都城	26	母智丘のサクラ	151
日向はまぐり碁石	116	都城高	132	もち米	48
飛来幸地鶏	73	都城市	3	桃	59
ひらだこ	54	都城商(高)	132	もも焼き	72
平畑遺跡	14	都城大弓	113		
フェニックス	4	都城中央通り	147	**や 行**	
フェニックス自然動物園36		都城の雑煮	72	薬師如来及両脇侍像	19
ふくれ菓子 55, 94, 96		都城焼	136	弥五郎	127
二見家	34	都城歴史資料館	37	ヤブツバキ	152
ぷちだご	54, 94	宮崎大宮高	132	山かけうどん	56
ふつだご	94	宮崎牛	67	山下新天街商店街	148
ふつ餅	94	みやざき霧島山麓雉 70, 75		ヤマメ	64
ブドウ	59	宮崎県産森林どり	75	山姥・山姫	127
船野遺跡	13	宮崎県総合運動公園	160	ヤンブシ	127
五六(ふのぼり／名字)	44	宮崎県総合博物館	35	幽霊	128
ブルーベリー	59	宮崎県農業科学公園 農業		柚木崎(名字)	44
平和台公園	159	科学館	37	ユズ	58
ヘベス	58	宮崎県立青島亜熱帯植物園		ゆであげだこ汁 56, 82	
へべすのサンラータン風61			36		
法華嶽の薬師と和泉式部		宮崎県立西都原考古博物館		**ら 行**	
	121		36	龍	128
干し大根	97	宮崎工(高)	133	龍宮のみやげ	118
干し大根の漬物	89	宮崎市	2	れんこんのすり流し汁	82
ぽったり汁	64, 81	宮崎市佐土原歴史資料館37			
ボラ	64	宮崎市中心商店街	147	**わ 行**	
ポンカン	58	みやざき地頭鶏 69, 73		ワイン	88
北郷氏	30	宮崎商(高)	133	若山牧水記念文学館	38
		宮崎城	26		
ま 行		宮崎神宮	110		
まいひかり	47	宮崎神宮祭	103		

47都道府県ご当地文化百科・宮崎県

令和6年11月30日　発　行

編　者　　丸　善　出　版

発行者　　池　田　和　博

発行所　　丸善出版株式会社
〒101-0051 東京都千代田区神田神保町二丁目17番
編集：電話 (03)3512-3264／FAX (03)3512-3272
営業：電話 (03)3512-3256／FAX (03)3512-3270
https://www.maruzen-publishing.co.jp

© Maruzen Publishing Co., Ltd. 2024

組版印刷・富士美術印刷株式会社／製本・株式会社 松岳社

ISBN 978-4-621-30968-1　C 0525　　　　　　Printed in Japan

JCOPY 〈(一社)出版者著作権管理機構　委託出版物〉
本書の無断複写は著作権法上での例外を除き禁じられています．複写
される場合は，そのつど事前に，(一社)出版者著作権管理機構（電話
03-5244-5088, FAX 03-5244-5089, e-mail：info@jcopy.or.jp）の許諾
を得てください．

【好評既刊 ● 47都道府県百科シリーズ】
（定価：本体価格3800～4400円＋税）

47都道府県・**伝統食百科**……その地ならではの伝統料理を具体的に解説
47都道府県・**地野菜/伝統野菜百科**……その地特有の野菜から食べ方まで
47都道府県・**魚食文化百科**……魚介類から加工品、魚料理まで一挙に紹介
47都道府県・**伝統行事百科**……新鮮味ある切り口で主要伝統行事を平易解説
47都道府県・**こなもの食文化百科**……加工方法、食べ方、歴史を興味深く解説
47都道府県・**伝統調味料百科**……各地の伝統的な味付けや調味料、素材を紹介
47都道府県・**地鶏百科**……各地の地鶏・銘柄鳥・卵や美味い料理を紹介
47都道府県・**肉食文化百科**……古来から愛された肉食の歴史・文化を解説
47都道府県・**地名由来百科**……興味をそそる地名の由来が盛りだくさん！
47都道府県・**汁物百科**……ご当地ならではの滋味の話題が満載！
47都道府県・**温泉百科**……立地・歴史・観光・先人の足跡などを紹介
47都道府県・**和菓子/郷土菓子百科**……地元にちなんだお菓子がわかる
47都道府県・**乾物/干物百科**……乾物の種類、作り方から食べ方まで
47都道府県・**寺社信仰百科**……ユニークな寺社や信仰を具体的に解説
47都道府県・**くだもの百科**……地域性あふれる名産・特産の果物を紹介
47都道府県・**公園/庭園百科**……自然が生んだ快適野外空間340事例を紹介
47都道府県・**妖怪伝承百科**……地元の人の心に根付く妖怪伝承とはなにか
47都道府県・**米/雑穀百科**……地元こだわりの美味しいお米・雑穀がわかる
47都道府県・**遺跡百科**……原始～近・現代まで全国の遺跡＆遺物を通観
47都道府県・**国宝/重要文化財百科**……近代的美術観・審美眼の粋を知る！
47都道府県・**花風景百科**……花に癒される、全国花物語350事例！
47都道府県・**名字百科**……NHK「日本人のおなまえっ！」解説者の意欲作
47都道府県・**商店街百科**……全国の魅力的な商店街を紹介
47都道府県・**民話百科**……昔話、伝説、世間話…語り継がれた話が読める
47都道府県・**名門/名家百科**……都道府県ごとに名門/名家を徹底解説
47都道府県・**やきもの百科**……やきもの大国の地域性を民俗学的見地で解説
47都道府県・**発酵文化百科**……風土ごとの多様な発酵文化・発酵食品を解説
47都道府県・**高校野球百科**……高校野球の基礎知識と強豪校を徹底解説
47都道府県・**伝統工芸百科**……現代に活きる伝統工芸を歴史とともに紹介
47都道府県・**城下町百科**……全国各地の城下町の歴史と魅力を解説
47都道府県・**博物館百科**……モノ＆コトが詰まった博物館を厳選
47都道府県・**城郭百科**……お城から見るあなたの県の特色
47都道府県・**戦国大名百科**……群雄割拠した戦国大名・国衆を徹底解説
47都道府県・**産業遺産百科**……保存と活用の歴史を解説。探訪にも役立つ
47都道府県・**民俗芸能百科**……各地で現存し輝き続ける民俗芸能がわかる
47都道府県・**大相撲力士百科**……古今東西の幕内力士の郷里や魅力を紹介
47都道府県・**老舗百科**……長寿の秘訣、歴史や経営理念を紹介
47都道府県・**地質景観/ジオサイト百科**……ユニークな地質景観の謎を解く
47都道府県・**文学の偉人百科**……主要文学者が総覧できるユニークなガイド